【新装版】

開祖随感　1

1964年～1968年
（昭和39年～43年）

庭野　日敬

佼成出版社

目次

一九六六年（昭和41年）……83

一九六七年（昭和42年）…… 133

◆開祖随感

一九六四年（昭和39年）

聞く謙虚さ

進歩向上のための論戦はけっこうですが、自分の言いたいこと、自分の望むことだけをまくし立てる自己主張ばかりでは、衝突と反目しか得られないでしょう。自分の言いたいことを言うのが言論の自由ではありません。末世になると、人びとは互いに自分の意見だけが絶対だと言って対立し争うようになる、とお釈迦さまはおっしゃっておられます。私は絶対という字を、対立の心を絶つというように解釈し、胸襟《きょうきん》を開いて語り合うことを心がけております。言論の自由の時代にいちばん必要なのは、相手の言葉に謙虚に耳を傾けることではないでしょうか。

時代の変化に応じて

遺伝の法則を発見したのがメンデルであることは、どなたもご存じでしょう。メンデルはオーストリアの司教で、修道院の院長もされた人でした。生物の質の違いは遺伝因子によって決まるものであり、そこに一定の法則があることを明らかにして、現代の遺伝学の始祖となりました。

根本の真理は永遠に不変であっても、その説き方は、時代に即応したものでなくてはなりません。新しい時代には新しい説き方があります。相手に応じて宗教的真理を科学的に説くことも必要になるのです。

時間をつくる

「本を読む暇《ひま》もない」という声をしばしば聞きます。しかし、暇があれば読書ができるかというと、逆に、遊ぶことのほうにひかれて心が散乱し、読書に集中できなくなってしまうことが多いのです。

私は布教のために地方へ出かける車中とか、旅先の宿で、できるだけ本を読むようにしております。だいたい三日もあれば二百五十ページぐらいの宗教書なら読み終えてしまいます。仕事と仕事の合い間の、ちょっとした時間をうまく生かす習慣をつけると、大きな収穫が得られます。

与えると与えられる

私は各界の著名人に会う機会が多いのですが、そうした方々に共通しているのは、自分一人の小さな欲望よりも、社会のためにいかに自分を役立てるか、どうしたらより多くの人に喜んでもらえるかと、常にそのことを心がけておられる方が多いことです。

大きな仕事をする人は、いわゆる「与えて、取る」ギブ・アンド・テイクではなくて、ギブ・アンド・ビー・ギブン「与えてこそ、与えられる」という気持ちを強く持たれているように思えます。

不調和の根源

過日、ある雑誌社から「あなたが不調和だと感じる問題があったら、それを世界と日本に分けて簡単に述べてほしい」といった原稿の依頼を受けました。

世界的不調和の最たるものは、いうまでもなく東西二大陣営のイデオロギーの対立です。そして、日本の現在の社会で感じる不調和は、これは数えあげればきりがないのですが、その根本にあるのは、人間性の尊厳を忘れていることではないかと思うのです。これこそが第一の問題で、さまざまな不調和はそこに発していると思う、と回答しました。

人と触れ合う

私ども立正佼成会の会員綱領は、人格の完成を目的とする、とはっきりとうたっております。この目的を果たすのには、ただ独《ひと》りすわって自分を磨こうとしても、なかなかできるものではありません。まず人と触れ合うことが大切なのです。

さまざまな人と交わると、自分のよい面も、悪い面も、そっくり表に出てきます。その長所に磨きをかけ、欠点を改めていく。それが法座であり、ご法のいろいろなお役なのです。人格を磨き、自分を向上させていくのには、やはり実践活動が大切なのです。

宗教者の発言

「学問、芸術を持たぬ者でも、宗教は持つべきである」とドイツの文豪ゲーテが言っています。

今日ほど人類のすべてが人間の将来について真剣に考え、平和な世界を心から望み、求めている時代はない、といってもいいでしょう。それとともに、宗教が担うべき責務の重大さを各界の識者が理解し、期待するようになってきています。

私たち宗教者は、小さな自分の幸せだけを考えるのでなく、現実の社会をよりよくしていくために積極的に発言していかなくてはならないのです。

根本の真理

世の中には、自分の独善的、利己的な考えを真理だと錯覚して、それに固執《こしゅう》する人がたくさんいます。それは必ず争いを招いてしまいます。たとえば扇子《せんす》の要《かなめ》が二つあったとしたら扇子は開くことができません。なんの役にも立たないものになってしまうのです。

この世の中の根本の真理はただ一つであって、それは、物にも心にも通じる物心一如《ぶっしんいちにょ》の法です。それがさまざまなところに、さまざまなかたちで現われているのです。その根本義を知ることこそ大切なのです。

チームワーク

野球のチームで、監督がバントの指示をしているのに、それを無視してホームランを狙《ねら》うような選手は、本当にチームに貢献するメンバーとはいえません。どんなにすぐれた選手でも一人だけの働きでは、とても優勝などできるものではないからです。

よい意味の競争は、お互いの向上をうながすために大切なことですが、それと同時に、全体の活性化にそれがどう役立つかを常に考えていかなくてはならないのです。協調の精神を忘れると軋轢《あつれき》と崩壊の道をたどることになってしまいます。

諸法無我《しょほうむが》の平和

仏教では諸法無我という言葉で、この世界には何一つとして他と無関係に孤立して存在するものはなく、互いに持ちつ持たれつの相互依存関係にあるという真理を説いています。

一見、平凡なように見えるこの真理を人類が本当に理解することなしには、いつまで経っても平和が実現することはないでしょう。常に「敵か、味方か」といった対立的な見方に縛られ、そこから解放されることがないからです。この真理が縁起《えんぎ》の法則であり、それを無視しては真の平和は生まれるはずがありません。

日の丸に罪はない

日本人はせっかちな性格なのか、戦争に敗れた途端に、それまでの日本的なもののすべてが悪かったように思い込んでしまったところがあります。たとえば日の丸の旗を軍国主義の象徴のように言う人がいるのですが、旗そのものにはなんの罪もありません。

私は先ごろアメリカに行って国連ビルを訪れたのですが、世界の国々の国旗がはためくなかに簡明直截《かんめいちょくさい》な美しさを見せてひるがえる日の丸の旗が目に焼きついて、そのときの感激はいまもなお忘れられません。

知恵の宝庫

最近は、明治維新のころのことどころか、戦前・戦中時代の話をしても、懐古《かいこ》趣味だとか、反動的だとか言われかねない空気があって、まことに残念なことです。それは、つまりは視野の狭《せま》さを示すものではないでしょうか。

変化し続ける社会では、旧来のかたちに縛られずに、時代に応じて前進していかなければなりません。しかし、歴史というものは過去の無用の足跡ではなく、その中に真剣に生きた人間の知恵が秘められているのです。そこから、しっかりと学ばないと、方向を誤ることになりかねません。

ほめられるほうが怖い

法は、それを実践する人の姿を通して、その尊さが見えてきます。ですから法を説く人は、その言動に恥ずべきところがあってはなりません。とりわけ信仰者は、人にチヤホヤされるようになったとき、そこから堕落の一歩が始まりかねないことを心に銘記しておく必要があります。

むしろ周囲から厳しく批判され、冷たく扱われるときのほうがありがたいのです。その批判によって、自分をもういちど振り返って反省でき、初心の出発点に立ち戻ることができるからです。厳しい指摘に感謝しなくてはなりません。

新興宗教の誇り

「庭野会長は自分の教団のことを新興宗教と言うけれども、一般の人が聞くと、佼成会は低級なご利益《りやく》信仰の教団であるかのように誤解するのではないか」といった忠告を受けることがあります。

しかし考えてみると、お釈迦さまの教えも、それを説き始められたときには、やはり新興の宗教であったわけで、私は新興という言葉に少しも抵抗を感じないのです。むしろ新興宗教という言葉に、お釈迦さまの真精神を唱導《しょうどう》し、沈滞した宗教界に覚醒《かくせい》の新風を吹き込む仏教徒といった誇りを感じるのです。

一段一段の悟り

「私は死ぬ気でやる」とか「私は悟った」と簡単に口にする人がいますが、そういう人にかぎって案外、真剣さに欠けたり、悟りにはほど遠い人が多いように思うのです。

よく、瞬時に大悟《だいご》したといった方の話を聞くのですが、それはよほどのことであって、私たちの場合は、コツコツと修行を積み重ねることによって一段一段と境地が高まっていき、だんだんにものごとが分かってきて、法の理解が深まっていく、というのがふつうでしょう。それが真の悟りへの道なのではないかと私は思うのです。

古さと新しさ

古い幹部さんにはかたくなさがあって、それが布教活動の支障になっているという声を聞きました。確かにそうした一面もあるかもしれません。しかし、最近の新しい感覚を持った会員さんにも、どこか欠ける一面がありはしないでしょうか。

古くから修行をしてきた幹部さんと、新しい会員さんが一緒になって互いに研鑽《けんさん》し合うことで、ベテランの幹部さんのかたくなさも取れ、また新しい会員さんに揺るぎない信が伝わって、法座全体が洗練された磨き合いの場になっていきます。欠点だけを見ていくと、大切な一面を見落としかねません。

足らざるを生かす

あまりすべてが整いすぎると、足らざるを補う努力の大切さが忘れられ、また、どのように適材を適所に生かしたらいいかと苦心するおもしろ味もなくなってしまいます。

将棋の極意《ごくい》は「足らざるをもってやる」ことだと言います。大山康晴《おおやまやすはる》名人は「アマチュアは飛車や角は大事にするが、歩《ふ》を粗末にする。プロは歩を大事にする。歩の使い方で他の駒の働きが倍加する。将棋を人生に見立てると、歩の使い方の巧拙《こうせつ》が成功の鍵《かぎ》を握るのではないか」と言っています。足らざるを嘆くか、足りないところを生かすか、その人の心次第です。

みんなの力

過日、著名な評論家の方と人類の未来について話し合ったのですが、「科学はともかく、昔はさまざまな分野で偉大な人物が出たけれども、いまは、そういう人物がいない」と慨嘆《がいたん》されるのです。確かにそのとおりです。一般大衆の啓発が大事な時代なら一世をリードする大人物も必要でしょうが、いまは、みんなが話し合い、納得し合って事を決めていく時代です。「現代は傑出《けっしゅつ》した一人がみんなを引っ張っていくという時代ではなく、全体がレベルアップしているのではないでしょうか」と、私は申し上げたのです。

生きた言葉

言葉には、その場かぎりで消えてしまう、いわば泡沫《ほうまつ》のようなものから、意気消沈《しょうちん》している人に起死回生《きしかいせい》の勇気を与えるものまで、いろいろあります。

昔から人びとに言い伝えられてきた言葉、また古今東西に通じる名言がたくさんありますが、よくよく味わってみると、必ず永遠に変わることのない真理と合致していることに気づかされます。だからこそ、いつの時代にも生きる言葉として尊ばれるのでしょう。逆に言えば、さまざまな分野で道を極めた人の言葉が真理を証明してくれるものになっているのです。

非行化の背景

最近の青少年非行化は重大問題ですが、とりわけ経済的に恵まれた家庭の子どもたちが非行化するケースが多いそうです。考えさせられることです。

少年少女自身の心身の状態や地域社会の環境など、いろいろな要素が原因となっているのでしょうが、なによりも大事なのは、少年少女の父母、さらに祖父母が育った時代へとさかのぼって家庭環境を見ることです。そうした家庭環境と少年少女の性格とを照らし合わせなくては真の原因の究明はできません。性急な決めつけは根本的な解決にならないのです。

◆開祖随感

一九六五年（昭和40年）

新年の誓願《せいがん》

どなたも、新年を迎えると「よし、今年こそがんばるぞ」という気持ちを抱かれ、神仏に祈願をされます。その誓願や祈りの内容にそれぞれ違いはあっても、祈願の対象はめざすべき理想であり、よりよい生き方でありましょう。その理想の実現は、ただ座して祈っているだけではかないません。

道元《どうげん》禅師は「切に思ふことは必ずとぐるなり」と教えられましたが、真剣な願いである祈りは、正しい行動力を伴った現実への積極的な働きかけによってこそ実現していくのだと思うのです。

人さまのためが

かつて私が牛乳店を営んでいた当時、配達先は結核で床《とこ》についている家族を抱える家が大半でした。そういう病人に、なんとか元気になってほしい、という一心でご法の話をすると、みなさんが元気になるのです。すると、もう牛乳を飲まなくてもよくなり、お客さんが減ってしまうわけです。

しかし、そこで「これでは商売にならん」と目先の欲にとらわれてしまっていたら、今日《こんにち》の会の基礎は築かれなかったでしょう。まず人さまの幸せを考える。すると、おのずと道が開けてくるのです。

智慧《ちえ》は実行から

法華経の権威の久保田正文《くぼたしようぶん》博士と対談した折に、博士が「かつては、知るとは『即実行』のことでした」と言われた言葉が心に残りました。

私たちは、さまざまな分野で専門に研究された学問のお陰で今日の恵まれた生活を享受できているわけですが、仏教の法門は、ただ真理の教えとして聞いているだけではいけないのです。どんなことも、ただ耳で聞くだけでは「なるほど」と感心はしても、それが自分の血肉とはなりません。真理の教えを聞いたら即実行に移す。それが智慧になるのです。

親の影響

昭和三十九年度の一年間に犯罪を犯して検挙された少年少女の数は、十九万人を超えているそうです。しかも年々その年齢が低下して、十四、五歳の少年少女が増加し、その数はますます上昇する傾向にあるということです。

それを、ただ「困ったものだ。どうなっていくのだろう」と危惧《きぐ》しているだけでは、なんの解決にもなりません。青少年犯罪の増加は、親である私たち大人にこそ責任があるのです。直接間接に大人社会が青少年に与えている影響の大きさに思いをいたし、厳しく反省する必要がありましょう。

自分の中の社会悪

社会悪を鋭く突いて批判することも警鐘の意味では大切でしょう。しかし、一切の悪の原因を社会のせいにするだけでは、根本的な解決になりません。原因を外にばかり転嫁《てんか》するのでなく、自分の内を見つめ直すことを忘れてはならないのです。

その時代、その社会に生きている一人ひとりの誤った考え方や行動が積み重なって、その時代の社会悪となって現われてきます。そのことを常に心に止めておいてこそ、この社会を変えていくために自分に何ができるか、一人ひとりの役割が見えてくるのです。

1965年（昭和40年）

いつも新鮮な感激

なにごとも、たゆみない努力の積み重ねでこそ事が成就するもので、仏教では「常精進《じょうしょうじん》」という言葉でその大切さを教えています。

佼成会に入会して初めてご法に触れた当座は、だれもがその感激で結果がいただけるのですが、やがて、だんだん感激や感動が薄れていきがちです。本人は法の功徳がなくなってしまったように思っているのですが、じつは自分の心が惰性に流れているのです。実践のないところに感激はなく、感激がないとご守護にも気づかなくなるのです。

あたりまえのことを

子どもは親に従い、夫婦は互いに支え合うことが大事だと聞かされても、そんなことは人間としてあたりまえのことじゃないか、と聞き流しがちです。法座でもよく聞かされると思うのですが、「いまさら言われなくても」と、逆に反発する人もいます。しかし、それを素直に聞き入れて自分自身をあらためて振り返ってみると、その当然のことができていなかったことに気づくのです。

あたりまえのことをあたりまえのようにできる人になるのが仏道修行です。

一味《いちみ》の水

インドでは、お金持ちは桁違《けたちが》いに裕福なのに、大半の人びとは極端に貧しい生活を送っています。そうした社会を改革したいとネール首相は心をくだかれたようですが、成功するにいたりませんでした。

お釈迦さまは、すでに二千五百年前にそのことに触れられ、「それぞれの川が結局は大海に注いで一味の水となるように、人間はすべて平等である」として、階級の違いを超えて平等に法を説かれたのでした。あらためて、その教えの深さを思い知らされます。

理想と現実と

頭の中だけの信仰は、現実生活から遊離して空回りを繰り返すだけになりがちです。二宮尊徳翁《にのみやそんとくおう》は、そのところを水車にたとえて「水車は半分が水に沈み、半分が水から出ているからこそ、用をなしている」と教えられました。

「現実から学ばなければ真実は見えてこない。だが、現実に埋没すると理想を見失う」という言葉があります。流転して一刻もとどまることなく変化している現実の中で地に足を踏みしめて真剣に生きるのと同時に、頭は常に高い理想に向けていなくてはならないことを、尊徳翁は教えられたのでしょう。

自分の器《うつわ》

信仰を自分の願いごとをかなえるための方法や、自分の欲望を充足するための手段のように考えている人がいます。もちろん信仰はそうしたものではありません。むしろ、自分の欲することが正しいことかどうか、自分の抱く願いが自分の器にふさわしいかどうかを省みさせるのが信仰であり、それを見極めて不足不満の心を取り去ることを教えるのです。

身の丈《たけ》に合わない欲望や願望は、自分を滅ぼすもとです。それを取り去って、自分に与えられたものへの心からの感謝こそが幸せを呼び寄せるのです。

娑婆《しゃば》世界の結縁《けちえん》

鎌倉仏教の祖師方、道元《どうげん》禅師、親鸞《しんらん》上人、日蓮《にちれん》聖人の修行態度、教義の立て方に、それぞれ仏教の神髄が示されているといわれます。

日本の仏教界は十三宗五十八派にも分かれているそうですが、そのすべてがお釈迦さまの教えを源《みなもと》としているわけです。とりわけ日蓮聖人は、本仏釈尊に直結されて「釈尊の因位《いんい》は既《すで》に三千塵点劫《じんでんごう》より已来《このかた》、娑婆世界の一切衆生《しゅじょう》の結縁《けちえん》の大士《だいじ》なり」として、法を説き、修行をされました。私たちはそのあとに続かなくてはなりません。

説きながら学ぶ

人さまに法門を分かっていただくために、どう説いたらいいのか、と真剣に考えるところから、自ら進んで学ぶ姿勢が生まれてきます。そして、つまりは十如是《じゅうにょぜ》の法門をしっかりと身に体し、活用できるようになってこそ、だれにも分かるように法が説けるのだと気づく。そこから、さらにいろいろな場面に出会って、まだまだ不十分だというので、十二因縁も学ばなくては、六波羅蜜《ろくはらみつ》も学ばなくては、と意欲が高まっていくわけです。

他人に説くことによって初めて、教学が本当に自分のものになってくるのです。

「時」を生かす

古代の中国人は、人生にとって時間は寺のように厳粛なものであるという意味で、日偏《ひへん》に寺と書いた「時」という文字で時間を表現したといわれます。

今日のように、仕事も家事もどんどん効率化されていくと、余暇がどんどん増えていく一方ですが、余暇もまた貴重な時間なのです。それをどう使うか。

自己の修養や利他行《りたぎよう》など有意義なことに費やすか、うっかり浪費してしまうか。それが、ひいては一国を向上させもすれば逆に衰退に導くことにもなってしまうのです。

真の大調和

会社内の派閥とか政界の派閥というように、今日の社会は、いたるところに派閥ができて、抗争を繰り返しているのが一般的のようです。もちろん、派閥もときには互いに切磋《せっさ》琢磨《たくま》する役割を果たしますが、ほとんどの場合、利害打算や憎悪に流されがちではないでしょうか。

現在の社会ほど、真の調和が強く必要とされるときはありません。ただし、安易な同調は妥協であり、それは互いの堕落につながります。お互いに誤りを正し合い、ともに高まっていくのが真の大調和です。

苦難は向上の種

これまでを振り返ってみますと、佼成会にとっても私個人にとっても、いろいろ苦しいこと、困難なことが数えきれないほどありました。しかし、そうした困難と真正面から向き合ったときのことが、ことさら印象深い思い出として心に残っているものです。

「新しい喜びの扉は苦難の鍵《かぎ》によって開かれる」という言葉があります。苦しみを乗り越えたときにこそ真の喜びがあり、成長があります。苦難は自分を成長させ、向上させるためにあるのだと痛感せずにいられません。

忍耐が大事

事をなすにあたっては積極果断でなくてはなりません。それももちろん大切なことですが、しかし、性急に過ぎると仕損じることがしばしばあります。やはり、事をなすにあたっては「時を待つ」ことを忘れてはならないのです。

植物の種をまいても、それがすぐに芽を吹き、花を咲かせ、実をつけるものではありません。いろいろと手をかけて、時を待たなくてはならないのです。「天才とは、すなわち忍耐である」という言葉がありますが、そこのところを言っているわけでしょう。

苦難と対する覚悟

暑さの中で汗水たらして働けばこそ木陰の涼しさ、ありがたさが分かります。それと同じように、苦労が大きければ大きいほど、それを成し遂げたときの喜びが大きいのです。

私たちの人生でも、悩みや苦しみから逃げ回ってばかりいたのでは、いつまで経っても本当の力はつきません。確固たる信念が得られず、人生の本当の喜びを味わうことができないのです。

覚悟を決めて苦難に立ち向かう勇気を持たないと、愚痴《ぐち》と不平に埋もれた一生を送ることになりかねません。

すべて善知識《ぜんちしき》

シャルドンヌというフランスの作家が、「人生がわれらにもたらすものは、すべて善である」と言っています。長い人生の途上で、私たちはいろいろな苦労や不幸に見舞われますが、それを真正面から受け止め、それを乗り越える努力をすると、その苦難が自分に何を教えているのか見えてくるのです。

お釈迦さまは、自分を亡きものにしようとつけ狙った提婆達多《だいばだった》をも、自分に悟りを開かせてくれる善知識と拝んでおられます。この素直な受け取り方こそが、すべてを成長と幸福へのステップに変えていくのです。

対機《たいき》説法

「性欲無量《しょうよくむりょう》なるが故《ゆえ》に説法無量なり」というお経文の一節があります。相手の機根《きこん》がさまざまであるから、それに応じて自由自在に法を説かなくてはならないわけで、これが、いわゆる対機説法です。

見極めなくてはならないのは、相手の機根だけではありません。時代の流れを知り、相手の生活環境をよく考慮して、そのうえで法を説かないと、せっかくのご法が救いにならず、逆に相手に負担をかけることになりかねないのです。説法者がなによりも心すべきことでありましょう。

いまなすべきことを

現在がなければ過去はなく、現在なくして未来もありません。この現在に全力を注いで生きることによって、それまで過ごしてきた過去が価値あるものになり、また未来が充実したものになっていくのです。

「淵《ふち》に臨《のぞ》んで魚《うお》を羨《うらや》むは、退《しりぞ》いて網《あみ》を結《むす》ぶに如《し》かず」という言葉があります。願望だけをふくらますのでなく、まず手元の、なすべきことに打ち込むことが大切だという意味です。私たちも現在という一点を見つめて、なすべきことを一心になす心構えがなによりも大切だと思うのです。

君子は己に求む

『論語』に、「君子《くんし》は諸《こ》れを己《おのれ》に求む。小人《しょうじん》は諸れを人に求む」という言葉があります。何か失敗をしたとき「彼が力を貸してくれなかったからだ」「彼がしくじったからだ」と責任を他に転嫁《てんか》して、自己の反省を忘れがちなのが私たちの常です。

しかし、「なさざるは受くることなし」というように、自分に降りかかってくることで、自分にはまったく責任がない、ということはありえないのです。

事の原因を自分の内に探ってこそ、同じ失敗を繰り返さずにすむのです。

回り道もむだでない

私は宗教遍歴のすえ法華経に遇《あ》い得て、無上の喜びを味わうことができたのですが、同じように、いろいろな信仰をされて本会に入会された方もおられましょう。それで「最初からこの会に入会していればよかった」と、むだな回り道をしたように残念がる人がいるのですが、法華経には、子どもがたわむれに砂を盛って仏塔を作るのも成仏への機縁になる、と説かれています。むだに見えることも、かみしめようによって自分を育てる肥料になるのです。回り道によって深められるものが必ずあるのです。人生には、むだな回り道はありません。

変化への適応

精神身体医学では、生きることとは「適応すること」と解釈します。周囲の環境に自分が適応できなくなったときに心のバランスがくずれ、肉体面で病気という影が出てくることになるというのです。

私たちが生活しているこの環境は、諸行無常《しょぎょうむじょう》、諸法無我《しょほうむが》の真理によって変化しています。自分を取り巻く世界のさまざまな変化の流れを貫く真理のはたらきを受け止める素直さを失い、それに抗《あらが》い、そむくときに、さまざまな苦悩が噴出してきます。涅槃寂静《ねはんじゃくじょう》が失われてしまうわけです。

自分を捨てる慈悲心

私は、佼成会を今日のような規模にしようと初めから考えていたわけではありません。ただいちずに、苦しんでいる人たちに仏教の生き方を知ってもらいたいという、その初心を失わずにあゆんできた結果が、現在の佼成会の姿なのです。

「ばかになりきらなくては、人さまを救うことなどできない」と、私はいつも言ってきましたが、ばかになれというのは愚か者になれということではありません。自分の利害など考えずに慈悲心に徹しきることをいうのです。それでなくては人さまを救うことなどできるものではないからです。

政治を変える力

現代の社会で人間の幸福をいちばん左右するのは、やはり政治でしょう。ところが、多くの国民がその政治にあまり期待を抱かなくなってしまいました。しかし、ただ政治家が悪い、政治は無力だと批判するだけでは、自分で自分の首を絞めることになってしまいます。

地道ではあっても投票という国民の権利と義務の実行によって、政治を変えていかなくてはならないのです。仏教徒の私たちは、あくまでも仏法の真理を体した政治家を選ぶ努力を放棄してはなりません。

目標をめざす誓願《せいがん》

仏教では、誓願を大切にします。私たちの人生は必ずしも順風満帆《じゅんぷうまんぱん》のときばかりでなく、万事が意のままに運ぶというわけにはいきません。さまざまな困難にぶつかり、自分が正しいと思ってやっていることが非難されることもあります。

そのとき確固たる人生の目標を持っていないと、ただ右往左往するだけで、真に充実した人生を送ることができなくなってしまいます。自らが立てた目標をめざし、くじけずに精進することを誓うのが誓願です。目標がしっかりしていると目の前のことに一喜《いっき》一憂《いちゆう》してぐらつくということがないのです。

素直に行じる難しさ

「仏教とはどのような教えか」と、国中に名のとどろく大詩人の白楽天《はくらくてん》に問われて、鳥窠禅師《ちょうかぜんじ》が「諸《もろもろ》の悪をなすことなく、諸の善を行ない、自らその心を浄《きよ》める。これが諸仏の教えである」と答えたのは有名な話です。

白楽天が「そんなことは三歳の童子でも知っているではないか」と問い返すと、禅師は、「三歳の童子でも知っていることが、八十歳の翁《おきな》にもできぬものだ」と答えられたのです。分かりきったことを素直に行じていくこと、それが仏教だといってもいいでしょう。それで人生の幸せがつくられていくのです。

大国の責任

超大国同士の直接の戦争はないとしても、その代理戦争ともいうべきものが行なわれる危険性は、むしろ増大しています。民族独立の願いはあっても経済力も自衛力も過少な小国に対して、東西両陣営の大国が援助の名のもとに介入し、そのために紛争が起こってしまうのです。

ベトナム問題にしても、南ベトナム政府軍と民族解放戦線の双方に対する東西からの支援で紛争がどんどんエスカレートしています。先進国が内政不干渉の立場を守り、共同して経済援助を行なってこそ平和的解決への道が開けると思うのです。

政治と宗教

宗教者が政治の場に出るのは是か非か論議されています。宗教者も一人の社会人ですから、人びとの幸福に大きな影響を与える政治に関心を持ち、宗教精神を根底にした活動を政治の場で行なうことは、けっこうなことだと思います。

しかし、自分の信じる宗教だけを唯一絶対のものとし、他はすべて邪教であると考えるような排他独善の姿勢を政治に持ち込むようなことは、かりそめにもあってはなりません。そうした政党の出現は、健全な民主主義の社会を守るために黙認することはできないのです。

バチカン公会議

　このたび、バチカン公会議の開会式に特別ゲストとして私に出席するように、という招待を受けました。公会議に異教徒を招くのは前代未聞のことだそうです。駐日ローマ教皇庁大使館も驚いているくらいですから、私もびっくりしてしまいました。

　バチカンがどのような意図で私を招待したのか、また、それがどのような会議になるのか分かりません。しかし私は、あらゆる宗教がめざすものは一つ、真理は一つであって、すべての場が道場であると信じています。そこで何を学べるか、謙虚に心を開いて参加させてもらうつもりです。

心の雑草取り

かつて「この信仰をすれば、田の除草をしなくても作物の収穫が増える」と説く宗教がありました。ことほどさように、信仰をすれば努力しなくても願いがかなうかのように説く宗教があるのですが、それは本物の宗教とはいえません。

本当の宗教は棚《たな》から牡丹餅《ぼたもち》式の功徳を説くのではなく、働くこと、生きることの真の意義を教え、なにごとにもくじけないエネルギーを培《つちか》うものです。信仰によって、自分の心の中に根を張るさまざまな欲望という雑草を取り除いていくと、いつも心が清らかに保たれ、喜んで努力できるようになるのです。

十七条憲法

聖徳太子《しょうとくたいし》が推古《すいこ》天皇の摂政《せっしょう》として政治を行なわれた当時の日本は、今日の日本の状態にきわめて似ていたといわれます。当時の日本は、近隣の強国から圧迫を受けていたうえに、国内においても豪族が争い合い、国全体を一つにまとめるよりどころがない状態でした。そこで聖徳太子は、国づくりはまず人びとの心づくりから始めなくてはならないとして、仏教の教えをもとにして「和をもって貴《たっと》しとし、忤《さから》うことなきを宗《むね》とせよ」という有名な十七条憲法を制定し、それを広められたのでした。

三宝帰依《さんぼうきえ》の生き方

仏教とは仏の教え、つまり正法の教えです。正法とは、言い換えれば存在の法則性を示す真理ともいえましょう。その核心は縁起の法にあります。しかし、その法則性を理屈で説くだけでは分かりにくく、親しみにくいものになってしまいます。つまり理論だけでは信仰にならないのです。そこで、それを諸行無常《しょぎょうむじょう》、諸法無我《しょほうむが》、涅槃寂静《ねはんじゃくじょう》の三法印《さんぽういん》をもって示し、仏《ぶっ》・法《ぽう》・僧《そう》の三宝に帰依することによって正法にのっとった生き方に導かれることが示されて、初めて仏教の教えが生活実践のバックボーンとなっていくのです。

法を聞く者

『法華経』のお経文を拝読しますと、「この法を聞く者は必ず成仏することができる」とあります。この法を聞くというのは、ただ耳で聞くだけではありません。法門を心の底から「なるほど」と理解し、信じきって実行することです。そうすれば必ず安穏の境地にいたれると約束されているのです。

安穏の境地といっても、なにごとも起こらぬ泰平無事のことではありません。諸行無常《しょぎょうむじょう》というとおり、すべてのものごとは変化し、さまざまなことが起こります。その変化を泰然と受け止める心をそなえること、それが安穏の境地なのです。

欲望の制御

仏教は禁欲的戒律を定めて、欲望をすべて否定するもののように受け取られがちです。しかし、人間が生活をしていく上で必要な活力、さらに大きく言えば人類向上の原動力も欲望が根底にあって、それを満たそうとする努力から生まれてきます。

お釈迦さまは欲望のすべてを否定されたのではなく、飽《あ》くことのない貪欲《とんよく》や、煩悩《ぼんのう》の制御を教えられたのです。

最近は人間性の解放と称して、無軌道な欲望までも無制限に肯定する傾向が見られますが、仏教が戒《いまし》めているのは、じつはそうした満足することを知らない欲望なのです。

権力は仮の力

「われこそ、ご法の証明役たらん」とする意気込みは大切です。しかし、人に法を説き、指導するときには、なによりもまず法を立て、あくまでも法にのっとって話すことを忘れてはなりません。ともすると自分の地位と法の権威を混同して、相手に自分の考え方や、やり方を押しつける誤りを犯しがちです。

法は仏さまによって明らかにされた絶対の真理であり、人の地位や役職の権限は、組織を保つために人間がつくった便宜的なもの、仮のものです。権力の権の字は「仮」という意味を持っているのです。

気づかせる親切

食事のあと、口のまわりにご飯粒がついているのに気づかずにいる人がいたら、そっと教えてあげるのが親切です。相手のことを思っていればこそで、言ってもらった人も「教えてくださってありがとう」とお礼を言います。

ところが、その人が気づかずにいる癖《くせ》や欠点を注意して、心についている垢《あか》を取るように教えてあげても、なかなか、ありがたく受け止めてもらえないものです。それは、ご飯粒のようにはっきりと自分の目に見えないからなのですが、それを注意してもらえたことのほうが、ずっとありがたいのです。

国のために何をなすか

ケネディ大統領は、その就任演説で「国家が諸君のために何がなしうるかを問うのではなく、諸君が国家のために何をなしうるかを問いたまえ」と訴えました。これは、私たち日本の国民も、一人ひとりがしっかり腹にすえておかなければならないことだと思うのです。

いまの日本では、行動の基準を善悪ではなく、自分にとって損か得かに置く人が多くなっていく一方のように思えるからです。国民全体が自己中心を基準にするようになったら、国はたちまち衰退してしまいましょう。

なすべきことを

人はだれしも、心の中に「善《よ》いことをしたい」という気持ちを持っています。けれども、いざ何か善いことをしたいと考えても、なかなかそれを行動に移す機会がないという人が多いのではないでしょうか。

善行というと、新聞に載《の》って人びとが感動するような善行を考えがちですが、そう大げさに考えることはありません。まず自分の身近でできることから、一つずつ行なっていくことです。食事のときには食事に、仕事のときには仕事に、真心こめて真剣に打ち込む、それも善行の一つなのです。

悪を善に変える

「あの人は過去にこういう悪いことをした人だ」と、その人の全人格を否定するような見方をしたり、逆に「自分はこういう才能に恵まれた人間だから」などと自慢するようなことがあってはなりません。

大切なのは、現在、何をなしているか、これから何をなすかです。善《よ》い人と悪い人とを区別するだけならば、いわゆる世間でいう道徳で足りましょう。仏教は、悪を善に変え、不幸を幸福に変えていく知恵と活力を、自他ともに身につけていこうという教えなのです。

労使の協調

上に立つ者が権力を振るって他の人間性を認めず、一方的に搾取《さくしゅ》するといった時代ならば、一揆《いっき》とかストライキがやむをえない場合もあったでしょう。しかし、会社の成績も国の経済状態も考えずに、ただ自分の給料を上げたいというだけで実力行使を繰り返すのでは会社は成り立ちません。

労使は対立するためでなく、協力し合って会社を発展させていく関係が理想です。まず互いに信じ合うこと。そして、それぞれが自分の役割と責任を自覚すること。そうすれば労使双方の主張を調和させていく話し合いが必ず可能なはずです。

宗教なき文明

「科学は手段としてはすぐれているが、価値と目的に対しては無知である」と物理学者のアインシュタイン博士は言っています。近代科学の進歩は人類の誇るべき所産ではありますが、科学がもたらした物質文明の進歩に比べて、精神面の陶冶《とうや》はまだまだ不十分であありましょう。

人びとが科学の進歩に目を奪われて精神面を軽視した結果が、今日の個人生活における人間関係のドライ化や、核戦争による人類滅亡の危機を招来しているといわざるをえません。宗教なき文明は浅薄で脆弱《ぜいじゃく》なものになってしまうのです。

皆帰妙法《かいきみようほう》

「一天四海皆帰妙法《いつてんしかいかいきみようほう》」とは、全世界を妙法のもとに統一するということではありません。すべてのものは、すでに妙法蓮華経に示された真理に帰一し、その中に生かされて存在している、という意味に解さなくてはなりません。

「天上天下唯我独尊《てんじようてんげゆいがどくそん》」という言葉も、お釈迦さまがご在世当時のインドの社会にあって人間として生きる喜びを失っている大衆に、自分という存在は世界にただ一つしか存在しない、なにものにも代えがたい尊い存在であることを教え、人間として生まれた喜びを知らしめる表現であったのです。

一粒の麦《むぎ》死して

「一粒の麦、地に落ちて死なずばただ一つにてあらん。もし死なば多くの実を結ぶべし」という『聖書』の有名な言葉があります。一粒の麦は土に落ちて命を失っても、やがてそこから多くの芽が吹き実を結びます。それと同様に、私たちも自分を捨てて人さまのために一心不乱に働いていると、それが多くの実りをもたらしてくれるのです。自分を捨てるとは自己中心の考え方を離れて、仏さまが示されたとおり、人の幸せのために献身を惜しまないことです。自分ばかりを大事にし、自分だけを守ろうと必死になっていると逆に自分がしぼんでしまうのです。

リーダーは包容力

牧師として最も望ましい人柄は、その人が部屋に入ってきただけで部屋全体が明るさと温かさに包まれるような人だ、とアメリカの宗教雑誌で読んだことがありました。

私たち仏教徒の場合も同じでしょう。ご法を説く人は、まず人が慕い寄ってくる温かさをそなえなくてはなりません。

もちろん修行には厳しさも必要ですが、それとともに、「この人なら、どんなことも打ち明けて相談できる」と、信者さんが懐《ふところ》に飛び込んできてくれるだけの包容力をそなえなくてはならないのです。

与えられた条件で

日常生活における機械化がどんどん進むと、額《ひたい》に汗して働くよりも楽をして仕事を片づけようという風潮が生まれてきます。生活の合理化は大切ですが、それによって、なるべく体を使わずにすまそう、楽をして結果を得よう、条件が整わないとやる気にならない、ということになると人間がどんどん退化していってしまいます。次から次へとよりよい条件ばかりを求めるのでなく、いま与えられているこの条件をどのようによりよく生かしていくか、そのために自分がどれだけ努力できるか、挑戦していくことが大切なのではないでしょうか。

最善を尽くす祈り

「自分の願いをかなえるには、どのような祈り方をしたらよいのでしょうか」と、しばしば質問を受けます。

祈りとは利己的な願望をかなえるためにするものではありません。私の場合は、「なにとぞ自分の使命を果たさせてください」と願う以外に、神仏に願いごとをすることはありません。

いまに感謝し、その日、そのことに最善を尽くす。

真の祈りは、ただ祈るだけでなく、そのための真剣な行動を伴ってこそかないます。祈って行動し、行動して祈る。それが真の祈りだといっていいでしょう。

◆開祖随感

一九六六年（昭和41年）

生活即信仰

今年の教団活動目標として「信仰内容の充実」を掲げましたが、信仰を高めていくのには〝化《け》他行《たぎょう》〟が欠かせません。人を導くというと、なにか特別な行為のように思いがちですが、それは信仰と毎日の生活を別のものと考えてしまうからです。教会にいるときだけが信仰活動で家庭や職場は信仰とは関係がない、といった考え方でなく、生活のあらゆる場で法を基盤として全力を尽くすことが、身をもって法を説く化他行です。その姿が人さまを法に導き、また自己の充実につながっていくのです。

党利を離れる

独裁政治と違い、民主政治では一つの意見に対して反対意見が出るのは当然のことです。その異なった意見、主張のなかから共通点を見いだして、一つに統合し具体化していくのが真の民主政治なのですが、現実は、駆け引きのための駆け引きが政治であるかのような印象を受けることがしばしばです。

政治は国全体のため、国民全体のためのものです。それをしっかりと自覚すれば、いたずらに党利党略に固執《こしゅう》することなく、さまざまな違った考えを綯《な》い合わせて、より大きく視野を広げていけるはずなのです。

心のゆとり

戦後、日本の大衆は生きる目標と精神的支柱を失い、迷い続けているといわれます。ただ迷っているだけならば正しい教え、正しい生き方を伝えていけば、比較的容易に問題は解決できましょう。ところが、いまいちばんの問題は、多くの人が自分の考えだけを正しいものと信じ込んで、自己主張のみに急であることです。これでは素直に聞く耳が持てません。互いに補い合い、協力し合わなくてはこの人間社会は成り立たないことを知ってもらわなくてはならないのです。大いなる存在を信じる謙虚さ、宗教心が欠かせません。

人に拝まれる人

「主敬《しゅけい》」という文字を私は好んで色紙に書かせてもらいます。主人や目上の人を敬うという意味ですが、この言葉はさらに、私たちが社会生活を送るのに最も大切な心は相手を敬う心である、と教えているのです。

「君子《くんし》に三畏《さんい》あり。天命《てんめい》を畏《おそ》れ、大人《たいじん》を畏れ、聖人の言を畏る」と『論語』にあります。人は畏敬《いけい》する対象を持つことによって、おのずと謙虚さがそなわります。神仏に合掌し、人さまに心から合掌できる人、人を拝める人こそが、だれからも拝まれる人になるのです。

人材がすべて

企業でいちばん大事なのは人材です。どんなにすぐれた組織をつくり、最新の設備を備えても、それは手段にすぎません。東芝の土光敏夫《どこうとしお》社長は「人間資源が将来に対して用意されていないような企業は必ず衰退する」と言いきっています。

それは企業だけでなく、宗教教団にも当てはまりましょう。とくに私どもの教団は、仏と法と僧の三宝《さんぼう》に帰依《きえ》し、人格向上をめざす同志の集まりです。企業以上に人間資源が大切なのです。人がすべてといってもいいでしょう。次代を担う青年の教化育成こそなによりも大切です。

行じる姿

仏法は、いつの時代にも、だれにとっても、どこにおいても生きてはたらく普遍の真理です。その仏法が衰退し、人を救う力が失われてしまっているのは、なぜなのでしょうか。

問題は仏法にあるのではなく、それを受持《じゅじ》する人のほうにあります。時代を正しく把握する勉強をおろそかにし、惰性に流れ、さらに法に対する絶対の信が薄れてしまっているのが原因といわなくてはなりません。

「君子《くんし》は其《そ》の言《げん》の其の行《こう》に過ぐるを恥ず」と申します。人ごとでなく、自らの心に問わなくてはなりません。

人間を育てる力

山中に捨てられた赤ん坊がオオカミに育てられていたところを発見された、という実話が報告されました。この子どもたちは、ずっと山中で過ごして一度も人に会わずにきたことで、肉体は人間として育ったものの、人の言葉を理解することも話すこともできなくなってしまっていたのです。

ケルン大学のベンホルト・トムゼン教授は、「人間の教育は出生二十四時間後から始まる」と言っています。人間は、母親をはじめ豊かな人間関係によって人間らしく育っていくのです。周囲の影響がどれほど大切か、かみしめなくてはなりません。

二なく三なし

仏さまは、すべての人が仏道に導かれ、その大道をあゆむことを念願しておられます。仏さまから信託を受けた私たちは、人それぞれに、性質も、育った環境も違っていることをしっかりと見て、その人にふさわしい教えを説かなくてはなりません。『法華経』には「唯一乗の法《ただいちじょうのほう》のみあり　二なく亦《また》三なし」と説かれています。すべては一つの教えに帰するのです。その一仏《いちぶつ》乗《じょう》に導くために、それぞれの人が信じる宗教の違いを理解し、尊重するのが法華経の教えです。排他独善の姿勢の克服こそ最大の課題です。

さらに自分に厳しく

創立二十八周年の創立記念日を迎えることができました。いまでこそ、佼成会を見る世間の目も理解と期待に変わってきましたが、創立から二十年ほどのあいだは、冷ややかな見方が多かったものです。しかし、そうした冷たい周囲の目があればこそ、私どもは常に自分を律し、精進できたのです。

世間の目が期待に変わってきたいまこそ、驕《おご》らず怠らず、さらに自らを厳しく見つめる修行に徹していかなくてはなりません。本年度の目標に「信仰の充実」を掲げたのも、そのためにほかならないのです。

真理を説く

お釈迦さまはご在世中、さまざまな階層の人、いろいろな職業の人に教えを説かれました。国王や大臣にも、名医の耆婆《ぎば》にも説法されていますが、お釈迦さまが政治理論や専門の医学知識に、とくにくわしかったわけではありません。

お釈迦さまは、あくまでも人間としてのあり方、精神の支柱となるべき真理を説かれたのです。その説法を聞いた人が、政治家は政治の場に、医師は医学の場に法を反映させ、生かしたわけです。私たちも、どんな立場の、どんな専門家の人たちにも臆《おく》することなく法を説かなくてはなりません。

法を受持《じゅじ》する和合僧

仏教はお釈迦さまが菩提樹《ぼだいじゅ》の下《もと》で悟りを開かれたときに成立したと考えている人が多いと思いますが、私は、お釈迦さまが鹿野苑《ろくやおん》で五人の比丘《びく》に初めて説法され、それを五比丘が理解してその法の受持を決意し、一つに和合したときに仏教が成立したと考えるべきだ、という考えでした。

過日、増谷文雄《ますたにふみお》博士にそれをお話ししたところ、先生も同意され、人格の完成も平和の達成も、志を同じくする信仰者の集まりによって達成できることを力説されました。仏教では、志を同じくする人の集いであるサンガがなによりも大切なのです。

自分を立てたければ

教義は、ただ法を理解するためだけでなく、人を救い、教えを実行するためのものでもあるのです。それまで、なんでも自分中心に考えてきた人が、この社会はすべて相互依存によって成り立っていることを知ると、他に思いをいたす心が生まれます。そして、他人のことを思いやれるようになると、自分とともに一切衆生《しゅじょう》があることに気づくのです。そこで初めて、自分が世に立とうと思ったら、まず人を立てなくてはならないことが分かって、〝一人は万人のために、万人は一人のために〟という自覚に立った生き方に変わっていけるのです。

大志と自分の分

「青年よ、大志を抱け」という有名な言葉がありますが、大志を抱くと、目の前の困難にくじけず、困難も成長の糧《かて》に変えてしまう力が生まれてきます。しかし、その大志には「汝《なんじ》自身を知る」裏づけが必要なのです。自分をよく見極めることのない大志では、ただの妄想になってしまいます。

第一生命会長の矢野《やの》一郎《いちろう》さんも、「大志を抱くのと同時に自分の分を見定める。この二つが二人三脚のように進まなくては、大志はもろくもくずれ去り、成功どころか人生に挫折しかねない」と言っておられます。

精神の支柱

最近は、日本の科学者が外国の研究所や大学から招かれるようになって、日本人の才能が高く評価されてきています。諸外国を回ってみると、義務教育の普及で、日本国民の教育程度が先進諸国に比べても、きわめて高くなっているのが分かります。ただ残念なのは、共同生活の能力というか、この社会でお互いが生活していくうえでの心構え、その精神的支柱、マナーなどの点で、まだ不十分な点があることです。

宗教が生活に根を下ろしている外国に学ばなければならないところが、まだまだあるのではないでしょうか。

国を愛する心

スイス人は日常、フランス語、ドイツ語で話し、ベルギー人はフランス語も使いますが、それぞれ自分の国をこのうえなく愛しています。日本は島国として文化や言葉が共通な恵まれた条件にあるにもかかわらず、国を愛する心は、ほかの国に比べて弱いように思えます。

互いに国境を接するヨーロッパの国々は、その独立を守るために並々ならぬ努力をしています。それに対して日本は、海に囲まれて国が守られており、敗戦とともに自由が転がり込んできた感じで、恵まれすぎた甘えがあるような気がするのです。

のっとるべきもの

宗教教団でありながら、まるでファッショ（独裁政治）のような行動をとる教団がしばしば現われます。ファッショの語源は「ファッシス」で、昔、ローマの役人が罪人を裁くときに用いた道具のことだと言います。権力の象徴ということになりましょうか。権力とは他人を支配し服従させる力のことですが、権力の権という字は「仮のもの」という意味です。

人が手にする権力は仮のものであり、絶対のものではありません。宗教教団はあくまでも真理の法にのっとるもので、権力で命令し、抑えつけるようなことがあってはならないのです。

時間を使う人

自分の仕事の意義や目的を自覚せずに働いている人は、すぐにやる気をなくしたり、怠け心に引きずられたりしやすいものです。教会の壮年部、青年部の活動も同じで、その意義が分かっていないと、喜びどころか負担になってしまいます。

たとえば朝六時集合と定めても、それが何のためなのか自覚していれば苦になりませんが、そうでないと、「なんでこんなに朝早くから」と気合いが入らず、つい遅刻したりしがちです。「時間を使う人」になるか「時間に使われる人」になるか、自分の役割の自覚によって分かれてしまうのです。

名前を覚える

ルーズベルト大統領の最高顧問をしていたジェームズ・ファーレーという人は、五万人の人の名前を愛称で呼ぶことができたといわれます。それが彼の人気の秘訣《ひけつ》だったのです。

人の名前を覚えることは大切なことで、これは政治家だけにかぎりません。私も、「よく人の名前を覚えておられますね」と言われるのですが、本当にその人のことを思い、なんとか幸福になってほしいと願うと、一度会った人は、名前はもとよりのこと、その人の性格から生まれた年の九星《きゅうせい》までも覚えてしまうものなのです。

人間のルール

どんな競技にも審判がいて、ルールに反すれば減点したり反則負けを宣《せん》したりします。審判は、いかなるときも私情を排した公正さ、厳正さを保たなくてはなりません。

それを人生に当てはめてみると、人間として守らねばならぬ規則、つまり人間の道を守ってこそ社会が成り立つわけで、それを無視したり違反をしたりする人には審判を下す人が必要なわけです。とりわけ問題なのは、道理をわきまえずに勝手に自分を審判にして自己の言動を正当化する人がいることです。まず人間社会のルール、人の道を教えていかなくてはなりません。

心の皺《しわ》

信仰に入って顔が柔和になったとか、若くなったという人がいます。毎日仏さまの教えを聞いているうちに自分の浅薄な考えを反省し、自分の真価を知り、人生の意義が分かって、毎日を生きる楽しみがわいてきたためでしょう。それが柔和な表情になり、若さをよみがえらせるのです。

「われわれは生きている年数によって老いるのではない。理想を捨てることによって老いるのだ。年月は肌《はだ》に皺を刻むが、情熱を失うと、さらに心に皺が刻まれる」という言葉があります。希望を失わなければ老いることはないのです。

教義を生活に

日本印度《インド》学仏教学会の閉会式で、水野弘元《みずのこうげん》博士が「今日ほど宗教学者が多いときはないのに、宗教そのものがいっこうに興隆しないのはなぜだろうか」と語っておられました。仏教を学問として研究することに熱心で、仏教を生活に生かすことが忘れられがちなのを戒《いまし》められた言葉ではなかったでしょうか。

教義を深く研究するのは、もちろん大切なことですが、お釈迦さまが二千五百年前に仏教をお説きになられたときに、すでに教義は明確に打ち出されているのです。問題は、その教義を私たちがいかに実際の生活に生かすかです。

人と人の間

現代の社会を仏教徒としてどう見るか、私はさまざまなかたちで発言してきましたが、最近痛感するのは、人間が人間を信じられない時代になっているのではないかということです。

私たちが人のことを「人間」、つまり人と人との間と言い表わすようになったのは、人は孤立して存在するものではないという考え方があってのことでしょう。日本人の精神構造にそういう考え方が古くからあって、それが人間という言葉になったのだと思うのです。私のさまざまな提言は、そうした意識を大切に守り育てていきたいという思いにほかならないのです。

聞く耳を持つ

耳はちゃんと持っていても、本当に聞くための耳となると案外、持っていない人が多いように思えます。

先日の大相撲の土俵で、速攻の柏戸《かしわど》を一気に寄り切りで破った大鵬《たいほう》が記者に感想を聞かれて、親方に右を差して一気に寄れと言われたとおりに取っただけです」と話していました。最多優勝の大鵬にしてなお親方にアドバイスを請《こ》い、その言葉を素直に聞いて、その相撲を取りきっているのに感心しました。どんなに道を極めても、さらに師の教えを求め、聞く耳を持つ謙虚さが無敵の横綱大鵬を育てたともいえましょう。

幸福感は満足感

幸福感というものは、自分が立派な仕事や行ないをしたことに対する満足感で、主体的な喜びです。他人にほめられるのはうれしいことですが、慣れっこになると、いつもまわりからお世辞を言われていないと満足できないようになりがちです。

人の賞賛は、いわば他人によってつくられたもので、それに幸福感を覚えるのは、影を見て喜んでいるようなものです。人の毀誉褒貶《きよほうへん》に振り回され、むなしい影を追って欲望をつのらせたあげく、世を乱す大きな悪や悲劇を生みだしてしまうことさえもあります。心しなくてはなりません。

懺悔《さんげ》で法を説く

幹部になって説法慣れしてくると、頭から人に聞かせようという話しぶりになりがちです。法を説く要諦《ようてい》は、自分をご法の鏡に照らして、これまでの間違いを教えられ、直してもらえたことを、ありのままに話す懺悔にあります。

大上段に振りかぶってご法の偉大さを説くよりも、自分の至らなさをさらけ出して話すことによって、おのずと法の偉大さが人に伝わるのです。「なるほど、あの立派な幹部さんが謙虚に懺悔しているのだから、私も反省しなくては」と、自分から発心《ほっしん》してくださるわけです。

お役の自覚

かつて会員さんの数が少なかった当時は、私が幹部さんや会員さんの一人ひとりに直接、法を説かせてもらったものです。戦時中、召集令状を受けたその日も黙って会員さん宅の防空壕《ぼうくうごう》掘りを手伝ったり、また、子どもさんが病気だと聞くと、飛んでいってお九字《くじ》を切らせてもらったりしました。

それで「昔は会長から直接指導を受けられたのに」と言う人がいるのですが、いまは、もうみなさんが仏法の本質を把握して立派にお役を果たせるようになっているのです。自分を信じ、それぞれのお役を自信をもって果たしていただきたいのです。

自他のバランス

涅槃寂静《ねはんじゃくじょう》とは、完全に調和してバランスのとれた状態といえましょう。さまざまな組織や会社でも、このバランスがいちばん大事です。ところが人間は自分がかわいいものですから、つい自分を重く見て、社会全体のバランスがとれていないように見えてしまうのです。人から見るとほどよくバランスがとれているのに、自分だけ損をしているようにしか見えないわけです。だからこそ、相手に一歩譲る「下がる」心が大切で、それで初めて人と自分を平らに見られます。その心を忘れると愚痴《ぐち》と不満で身動きがとれなくなってしまいます。

破壊でなく改善

日本人は周囲に自分を合わせるすぐれた一面をそなえていますが、半面、法感覚に乏しく遵法《じゅんぽう》精神を欠きがちなのではないでしょうか。そのため、社会に対する不満があると、改善より破壊を考えがちです。民主主義が進んだ国では、法に定められた範囲で行動をし、その法に当てはまらない社会的変化が生じたとき、それを直していくという常識が確立しています。

住みよい社会をつくるためには、みんなが真理の道にのっとる実践が大切です。それが、その時代、その社会で定められたルールを守る習慣を育てていくのです。

日本の美しい心

最近の社会の混乱の原因は、互いに自分の権利だけを主張して譲らないところにあるといって過言ではないでしょう。家庭での争い、労使の問題、世界の各地で繰り返される紛争、そして、戦争もまたそこに発しています。

日本には義理とか人情をはじめ、人の恩に報いることを大切にする考え方がありました。それが、いま時代に合わない古くさいものとされていますが、日本の社会が長いあいだ培《つちか》ってきた美しい心を再認識する必要がありましょう。権利の尊重もけっこうですが、その前に人間尊重を忘れてはならないのです。

不要なものはない

ノーベル文学賞作家のパール・バック女史は、知的障害をもつ娘さんがおられ、その娘さんを名医に診《み》せる治療費や旅費をつくるために、新聞、雑誌の懸賞に応募して世界的な作家の地位を得られたのだそうです。「私に書くことを教えたのは私の娘で、一主婦にノーベル文学賞への道を開いてくれたのです」と語っておられます。

世の中に存在するものでお役のないものはありません。だれもが人のお役に立てるのです。私ども信仰者は、何をもって人さまのお役に立てるか、常に願いを持ち続けたいものです。

知識は増えても

「人間はなんでも知っている。ただし自分を除いて」とは、イギリスの歴史家トインビー博士の言葉ですが、とりわけ科学の進歩によって、現代人はなにごとも解明できないものはないと思い込むほどの知識を持ちました。しかし、自分自身のことになると、まるで分かっていないのです。まさに頭ばかりが大きくて足元がおぼつかないような不安定な状態です。

自分は何であるのか、人間とはなんなのかという肝心かなめをおろそかにして、物の世界の知識だけが増えると、本能に引きずられる生活に流れがちです。まず自分を知ることが先です。

法にのっとった自信

なにごとも自信を持つことが大切ですが、その自信も、常に自分を省みる裏づけがないと慢心に陥り、周囲の反感を買ってしまいます。

自信過剰の人は、人と話をするときも、つい高みから自分の考えを押しつけ、命令するかたちになりがちです。人は一応それに従っているように見えても、心から受け入れているわけではないのです。

あくまでも法を鏡として自分を省みることで、自信と謙虚さを合わせ持つ人となることができるのだと思うのです。

僭聖増上慢《せんしょうぞうじょうまん》

他から学ぶどころか、他をののしり、自分の信仰だけを唯一絶対のものとする視野の狭《せま》い宗教者の態度を「道門増上慢《どうもんぞうじょうまん》」といいます。また少し地位が高くなると、人びとを愚かな人たちだと見下し、みんなの声に耳を傾けず自分の精進を忘れてしまうのを「僭聖増上慢」といいます。あたかも自分が聖人であるかのように僭称するわけです。鈴木大拙《すずきだいせつ》博士は、九十五歳で亡くなられるまで東西両思想のかけ橋となって思索と説法の日々を貫かれました。自分を人よりすぐれた者と思い誤る「慢」を捨てきった求道《ぐどう》の生涯《しょうがい》であったと申せましょう。

人を変える力

いかに知識にすぐれていても、根底に慈悲心がないと、なんの役にも立ちません。なんとしてもこの人を救いたい、幸福になってもらいたいと、ひたすら願う気持ちがあってこそ、法門を学べばそれがスッと頭に入り、布施行も抵抗なくできるのです。

慈悲心がないと、いかに上手に法を説いても、ただの法門の説明になって、聞く人を心から納得させ、行動を起こさせ、生き方を変えさせる力にはなりません。せっかく善行を思い立っても、すぐに尻《しり》切れとんぼに終わってしまうのです。

現代のオアシス

念願の大聖堂が完成したとき、私どもはこの大聖堂にふさわしい信仰者にならなくてはならない、と心構えを定めたのですが、このたび会創立三十周年をめざして、内外の人びとにあまねく法を聴聞してもらう大ホールや、国際的な会議が開ける会議室などを備えた普門館の建設が決まりました。

普門館という名前は、会員の修養の場だけでなく、広く門戸を一般社会の人びとに開放し、学問や文化をとおして社会に寄与していきたいという願いを込めたもので、現代の社会をうるおすオアシスとなるよう、みんなで育てていきたいものです。

人間の軌道《きどう》

地球は太陽系に属し、軌道にのって動いています。宇宙のすべての存在は軌道、つまり法則に従って動いているわけです。私たち人間にもまた、軌道ともいうべき人の道があります。

お釈迦さまは、この世界を貫く法則を明らかにし、その法則にのっとって生きるのが人間の道であると、だれもが納得できるように、その道を示されたのです。その教えは、守らないと罰せられるといったものではありませんが、それにのっとらなくては真の幸福にいたることができない道です。私たちは、その教えを信じ、ひたすらに、素直に行じていけばいいのです。

ご先祖さまの遺産

昔の人は「ご先祖さまに申し訳ない」という言葉をよく口にしたものですが、いまの若い人たちは、まるで口にしなくなってしまいました。そのため大事なことを忘れてしまったのではないでしょうか。ご先祖さまが築いてきた日本という国、その伝統・文化の大切さを忘れ、それを否定するのが新しい生き方のように錯覚している人がいるとしたら、それこそ「ご先祖さまに申し訳ない」ことです。ご先祖さまが残してくれた遺産を、よりすぐれたものに育てて子孫に伝え、胸を張ってご先祖さまに報告できるようになりたいものです。

内に隠れた力

初めは千メートル走っても苦しかったのが、練習を重ねると二千メートル、三千メートルと楽に走れるようになります。人生も幾多の困難がありますが、壁に突き当たって「もうだめだ」と投げ出してはならないのです。困難に真正面から向き合って、ありったけの力をふりしぼる。それが、自分の内に隠れている新しい力を引きだしてくれるのです。マラソンでも、最後尾を走るランナーに観衆は大きな声援を送り、拍手で迎えます。ビリでも全力を尽くす姿に感動するのです。最後まで努力することをあきらめずに続ければ、必ず道は開けます。

民主主義の核心

日本人の三〇パーセントは宗教の必要性を認識しているけれども、残りの七〇パーセントの人は宗教の必要性を認めていないといいます。しかし、それは信仰について、人間について真剣に考えた上での無信仰、無神論とは違うように思うのです。

信仰などわずらわしい、必要ないといった考え方では、よりどころのない生き方に流され、社会も成り立ちません。欧米では民主主義の核心にキリスト教の教えが厳然と存在していますが、日本の民主主義にはそうした核が欠けています。そこに国民皆信仰運動の大切さがあるわけです。

仏さまの仕事

「仏事」という言葉は、ふつう、亡くなった人の年忌法要のことをいうものと理解している人が多いと思います。しかし、仏事という言葉の本来の意味は仏さまの仕事ということで、一切衆生《しゅじょう》に真理の教えを説き示して救うこと、それが仏の本来の仕事であるという意味です。

「唯一乗《ただいちじょう》の法のみあり　二なく亦《また》三なし」という仏さまのお言葉のように、すべての人を仏道に入らしめ、仏法にそった生き方ができるように導く国民皆信仰運動の展開こそ、まさに仏事本来の大事業です。

正しい選択眼

政治家の腐敗、堕落がさかんにいわれ、政治不信が高まっています。しかし、その政治家を選び出したのは国民なのですから、自分たちの選択眼の誤りをこそ反省すべきでしょう。政治の乱れは国民一人ひとりの乱れの反映ともいえるわけです。

政治に限りません。いま問題になっている少年非行の急増にしても、一人だけで突然に非行化するわけではないはずです。その背景に、少年少女を非行に追いやるような社会の土壌があるのを見逃してはなりません。原因を人に押しつけず、みんなが己を省み、力を合わせて取り組まなくてはならないのです。

適所で生かす育成

私どもは人材の育成とか幹部の育成というように、しばしば「育成」という言葉を使います。それぞれの役割を果たせるように一定の水準にまで育て上げようと教育を施すわけです。

たとえば何人かの人をまとめる長になってもらうのには、人の扱い方、接し方などの知識が必要ですが、それだけで本当の育成はできません。知識はそれを実際に活用して初めて身につきます。「育成」という言葉にとらわれて肝心の活用を忘れてはならないのです。個々の長所を見つけ、適材適所に活用していけば、おのずから育成がなされるのです。

徳を守る

「積善《せきぜん》の家には必ず余慶《よけい》あり」と言います。両親や祖父母、あるいはご先祖が積んだ善根功徳のお陰で、子孫がその余慶にあずかるのは尊いことです。ところが、せっかく修行して善根功徳を積んできたのに、お役から離れたとたんに、法を疑ったり、人をそしったりするようになることがありがちです。すると子どもも法に反発するようになって、せっかく積んできた徳分が台なしになってしまいます。こんなもったいないことはありません。善根功徳を積むのと同時に、「守徳《しゅとく》」すなわち徳を守る大切さを知らなくてはならないのです。

明治百年

最近「明治百年」という言葉をよく耳にしますが、わずかな歳月のあいだに、それまで鎖国をしてきた日本が近代国家に生まれ変わってしまいました。しかし、この百年のあいだ西欧文明の吸収に力を注ぐあまり、日本の伝統的な精神遺産を数多く喪失してしまったのではないでしょうか。とりわけ日本の誇るべき文化は内面的な心の深さにあったと思うのですが、合理的な考え方を重視するあまり精神的なものを軽視し、それが宗教への無関心につながったように思うのです。「明治百年」を、日本の精神的遺産回復の合言葉にしたいものです。

真の繁栄

終戦直後の、生き延びるのがやっとの生活の中では、他人のことなどかまっていられない、闇物《やみ》資を買うのもやむをえないといった生き方をせざるをえませんでした。そうした暮らしの中で公徳心を失ったその影響が、苦しい戦後が終わったいまもまだ残っているように思えます。

世界の歴史を見ると、これまで一国の繁栄は武力に負うところが大でしたが、これからは、国民の頭脳、勤勉、礼節が国の繁栄のもとになりましょう。正しい宗教を国民の精神的支柱にしなければ真の繁栄は約束されないのです。

心は無限に育つ

人体を構成している物質を、鉄、リン、カルシウムというように分解していくと、その物質は時価にしてわずか千円程度のものにすぎないといいます。しかし、人間の値段が千円ぐらいのものと思っている人はいないでしょう。では、人間の価値はどこにあるのでしょうか。

人間の社会で教育が重要視されるのは人間が無限に向上する可能性を秘めているからで、人間の心は育て方で限りなく高まっていきます。これが人間の真価です。人間がただの物質にすぎないならば教育など必要ないものになってしまいます。

限りある命の真価

どんなに長生きをしても、ただ呼吸をしているだけというのでは意味がありません。毎日仕事で忙しくしていると「たまにはゆっくり休みたい」などと思うものですが、忙しく働けることほどありがたいことはないのです。その働きで他のために役に立てることが、生きている本当の喜びなのですから。

どんなに医学が進歩しても寿命が二倍に延びることはありません。その限りある命が、人のために役に立てることで無限に広がるのです。新しい医学が延命だけでなく、年をとっても働ける若さを保つための研究に向かっているのは当然です。

全人類的な発想

これまで私たちは、明治生まれ、大正生まれ、昭和生まれ、さらには現代っ子などと呼んで、その生まれた世代によって、ものの考え方や行動の特徴を分けて考えてきました。ところが最近は、二十世紀の人間、二十一世紀の人間といった分け方が出てきました。年代や国の違いでなく、世紀という大きな単位で見ていこうという考え方です。二十一世紀に向けて科学がどのような発展を遂げるか、人間の社会がどのような変貌を遂げるか、容易に予測はできませんが、全人類的な立場でものを考える傾向が強くなっていくのは間違いありません。

◆開祖随感

一九六七年（昭和42年）

十年間の修行

私が、かつて十年間妻子と離れて修行したことについて「さぞ大変だったでしょう」と、よく聞かれます。

確かに、子どもたちのことを思いだして寂しくなるときもありましたが、当時は、ひたすら道を求める毎日で、夜も寝ずに『法華経』や日蓮《にちれん》聖人のご遺文《いぶん》を繰り返し繰り返し読み、夜が明けるか明けない早朝から、もう信者さん方が相談にみえるといった日々でした。いま思うと、あの十年間の勉強の時代がなかったら本当の自信は生まれなかったと思うのです。まことにありがたい、自己啓発の一日一日でした。

厳しさに耐えた力

胃壁が破れると、そこを胃液が刺激してたいへんな痛みを覚えますが、手術をして治してしまうと、うそのように楽になります。前の痛みがひどかっただけに手術の痛みなど取るに足りないものに思えるのです。ところが痛みはないのに用心して胃の手術をするような場合は、術後の痛みに音《ね》を上げる人が多いそうです。信仰の世界でも、厳しい修行をしてきた人は、苦しい場面にぶつかっても不《ふ》退転《たいてん》の決意がぐらつくことがないのですが、それを経ていない人は、すぐ愚痴《ぐち》に走りがちで、そこにやはり違いが出てしまうわけです。

師、友との出会い

私のこれまでの信仰生活で、なによりも大きな出来事は、新《あら》井《い》助信《すけのぶ》先生との出会い、妙佼《みょうこう》先生との出会いでした。

絶対のよりどころとなる信仰を求めて遍歴を続けているときに、新井先生の『法華経』の講義を聞く機会を得て最高の感激を味わったときのことは、いまも脳裏を離れません。そして、妙佼先生と出会い、文字どおり雨の日も風の日も切磋琢磨《せっさたくま》し合った日々も、これまた忘れられません。このすばらしい師、そして無二の求道《ぐどう》の友を得たことが、私の人生を決定づけてくれたのでした。まさに出会いほど大切なものはありません。

1967年（昭和42年）

説得の力

説明と説得とでは、意味が違います。説明とは、相手に分かるように話すことですが、話をしてその意味を相手に理解させ、さらに考え方や行動までも変えさせるのが説得です。

人を教化するのには、相手に応じた説明の方法や技術を身につける工夫も大事ですが、人に心底から納得してもらい、行動に踏みだしてもらうのには、その根本に慈悲心がなくてはならないのです。相手の気持ちになって一緒に苦しみ、一緒に喜ぶ心がなかったならば、どんなに立派な法を説いても相手の心に響くことはないのです。

信仰の味

「この法は絶対に間違いのない法だ」という確信は、体験なしには生まれません。ただの知識だけでは、真の救われの境地、安心立命《あんじんりゅうみょう》の心境には至れないのです。たとえば、いくら砂糖の成分を知っても、それだけでは砂糖の甘さが分かったとはいえないのと同じです。

信仰の場合も、教えを生活の場で実際に実行すると、真理のはたらきが、ちょうど砂糖をなめてその味を知るように、実感として全身で味わえます。その体験がないと信仰の真の喜びは得られず、自信をもって説くことができないのです。

経典は応身仏《おうじんぶつ》

この宇宙の存在の根本を貫く真理が存在していても、それを私たちに教えてくれる人がいなくては、その真理を知ることはできません。そこで私たちと同じ人間の姿でこの世に出られて、それを説いて救いに導いてくださる方、それが応身仏です。「開《かい》経偈《きょうげ》」に「色相《しきそう》の文字《もんじ》は即ち是《こ》れ応身なり」とあります（注・当時の『経典』）。お釈迦さま亡きあと、その法門に触れるのには目に見える文字によらなくてはなりません。法華経の一文字一文字が、そのまま真理を伝えるために現われた仏さまなのです。その心構えで『経典』を読誦《どくじゅ》しなくてはなりません。

本化《ほんげ》と迹化《しゃっけ》

本会の会員綱領は「菩薩行《ぼさつぎょう》に挺身することを期す」という言葉で結ばれています。菩薩行とは、人びとの救いを誓願する修行です。

菩薩には、本化の菩薩と迹化の菩薩があります。菩薩の誓願を持って不退転《ふたいてん》の境地に達しているのが本化の菩薩であり、それに対して迹化の菩薩とは、人のために尽くしながらも、まだ自分の欲やわがままが残っていて、自分に都合の悪いことがあると凡夫《ぼんぷ》に戻りかねない人をいいます。みなさんはどちらでしょうか。本化の菩薩をこそめざさなくてはなりません。

国民のつとめ

政治家の公約を聞いていると、日本は近い将来、交通事情も、老後も、災害対策も、まるで問題がなくなり、税金も引き下げられて万事大満足の国になるように思えます。しかし、政治家の公約だけで国がすばらしくなるものではありません。

ケネディ大統領はその就任演説で「国家が諸君のために何がなしうるかを問うのではなく、諸君が国家のために何をなしうるかを問いたまえ」と強く訴えました。やはり、私たち国民一人ひとりが自灯明《じとうみよう》・法灯明《ほうとうみよう》の精神に立って、なすべきつとめを果たさなくては理想の国は実現しないのです。

悲しみを聞き取る

以前、子どもさんを亡くした家にご供養に行ったとき、「観《かん》世《ぜ》音《おん》菩《ぼ》薩《さつ》普《ふ》門《もん》品《ぽん》」の「童男《どうなん》・童女《どうにょ》の身を現《げん》じて為《ため》に法を説き」という一節で涙を抑えられなくなったことがありました。子どもの死は親に菩《ぼ》提《だい》心《しん》を発《おこ》させるためであるという言葉が、このときほど身にしみたことはありません。観世音菩薩の観の字は、ものごとを判然と見分けることであり、世音とは世の人びとの声、つまり大衆の悩みや願いのことです。私たちも観世音菩薩のように、その人その人の悲しみを聞き取り、相手に応じて三十三身を現じて法を説かなくてはならないのです。

布教の気迫

過日の創立記念日の式典で新宗連（新日本宗教団体連合会）の大石秀典《おおいししゅうてん》先生が「昔の佼成会は教学体系もあまり整っていなかったが、導きの慈悲行はすさまじいものがあった。現在は組織やその他の条件も完備されたのに布教、精進が生ぬるいのではないか」といった挨拶をしてくださいました。かつては病気の人や生活に困っている人が布教の対象でしたが、核戦争の脅威、交通事故、人間疎外という今日の大問題はすべて社会的広がりを持った苦しみで、全宗教者が総力を結集して取り組まなくては解決できません。そこに宗教協力の大切さがあるわけです。

自分のあゆみ方

ノイローゼになる人は、自分が完璧《かんぺき》でなければならないという精神的束縛に陥っている場合が多いといわれます。信仰の場合も、自分は話しべたで、とても法など説けないと悲観する人がいますが、初めから完璧であることなど、だれにもできないのです。私も話が不得手で「人さまの前で話せ」と言われると足が震えたものです。それが日を重ねるうちに、なんでも人さまの前で話せるようになってきました。信仰者だからといってなにもかも人よりすぐれていなければならないわけではありません。ありのままの自分で一歩一歩あゆみ続ければいいのです。

有頂天《うちようてん》を抑える

人が自分のことを批判しているときには、わが身を戒《いまし》めて修行を怠らず、向上することができます。ところが人にほめられると、つい気持ちがゆるんで自分を甘やかしがちです。

かつて恩師の新井《あらい》助信《すけのぶ》先生が「忍辱《にんにく》とは、たんに我慢することではありません。少し信仰が進むと、まわりが『なかなか偉いものだ』などと言う。それでつい有頂天になりやすいのですが、このいい気持ちになるのを抑えるのも忍辱行です。これが難しいのです」と教えてくださったことがありました。心すべきことです。

聞けば聞くほど

耳で聞くだけで実行が伴わないと、「いくら教えを聞いても、いつも同じような話ばかりだ。もう聞く必要がない」といった気持ちになりやすいものです。つまり厭怠《えんだい》（飽《あ》きがきて怠けたくなる）の心が起こってくるわけです。

仏さまの教えは、そのように浅いものではありません。聞けば聞くほど、学べば学ぶほど、実行すればするほど、味わい深くなってきます。真剣になればなるほど新しい境地が開け、あらためて教えの偉大さに感嘆せずにいられないのです。まず一つだけでも、その教えを実行してみることです。

自分を飾るよりも

人間としてこの世に生を受けることは至難なことです。自分を産んでくれた両親をはじめ、代々のご先祖さまの大恩に深く思いをいたし、両親に孝養を尽くし、ご先祖への回向《えこう》を忘れてはなりません。ところが、うっかりすると自分の食事はしてもご仏壇には供えず、自分は着飾ってもご仏壇には花も供えない。身には高価な香水をつけながら、お線香をあげることもしない、というのが一般の風潮ではないでしょうか。

目に見えぬものに心をいたすことを忘れると、人が見ていなければ何をやっても平気、といった生き方に走りやすいのです。

不完全だからこそ

「人間なんて欠点だらけ。人格を完成して仏になるなどというのはおこがましい」と言う人がいます。確かに人間は不完全なものであり、必ず欠点があります。

しかし、不完全であることを自覚すればこそ、仏さまのような完全円満な人格にあこがれ、それを理想として、精進するわけです。それが人間の人間たるゆえんです。

「こうありたい」という理想を持ってこそ、自分の啓発につとめ、進路をたがえずに少しずつ欠点を補って向上していけるのです。

棟梁《とうりょう》の材

自分にとって都合がいいからとか、これは楽だから、得になるからというだけで動いているのでは、自分で自分の成長を止めているようなものです。逆に、そのときはつらくても、自分を励まして常に挑戦することを忘れない。その努力は、決してむだ骨などでなく、必ず自分にプラスになっていきます。

「棟梁の材は沃地《よくち》に生ぜず」という言葉があります。家の棟《むね》や梁《はり》に使うことができる立派な材木は、むしろ、やせた土地に育つというのです。人間もいろいろな困難に耐えてこそ、頼もしい人材となっていくのです。

同じ水が乳にも毒にも

「牛が飲む水は乳となり、ヘビが飲む水は毒となる」とお釈迦さまは教えられています。同じ水を飲んでも、牛の場合はそれが人に栄養を与える牛乳となり、ヘビが飲むとそれが毒に変じてしまうように、真理は一つなのに説く人の心次第で人びとを幸せにも不幸せにもしてしまうのです。

法座での指導の仕方や、方便の使い方も同じです。人びとを真理に導くためにどのように説いたらいいかという慈悲心に発するか、ただ自分の考えを押しつける方便に終わってしまうかで、結果はまるで違ってしまいます。

智者と愚者

イヌはうそをつきませんし、機械は正確に動きます。それに比べて、人間はうそをつくこともあれば、機械のように寸分の誤差もなく動くというわけにはいきません。それならば人間はイヌや機械に劣るのかというと、そんなことはありません。

失敗や間違いを契機として、それをよりよく生かし、向上の材料としていくことができる、すばらしい力を持っているのは人間だけです。「智者とは過ちを改めて善となす人をいい、愚者とは多くの過ちを隠して自分の非を飾ろうとする人のことをいう」という言葉もあります。

足りない自分の自覚

お釈迦さまのお弟子の周梨槃特《しゅりはんどく》という人は、師が説く教えの一偈《げ》をも誦することのできない人でした。自分の愚かさに落胆しきっている周梨槃特に、お釈迦さまは箒《ほうき》を与えて「私は汚れを払う」と毎日唱えるように教えられたのです。

その日から、周梨槃特は怠ることなく精舎《しょうじゃ》の清掃につとめ、あるときハッと自分の心の垢《あか》を除く大切さに気づいて悟りを開いたのでした。お釈迦さまは、「愚人の愚というはむしろ智者にて、愚人の智者と名乗るこそ真の愚者である」と周梨槃特を励ましておられます。足りない自分の自覚こそ大切なのです。

心出家

『伝光録《でんこうろく》』という古い書物に「心出家といふは、髪をそらず、衣を染めず。たとひ在家に住み、塵労《じんろう》にありといへども蓮の泥に染まず」に信仰を持《じ》することだ、といった一節があります。つまり、心出家とは「在家の出家」ということになりましょう。

この社会を構成するすべての人が自分の仕事を捨て、頭を丸めて出家者になってしまったのでは、社会は成り立ちません。しかし、信仰が一部の出家者だけのものになってしまったのでは、これまた社会の浄化は望めません。三宝《さんぼう》に帰依《きえ》する念をしっかりと持って社会で働く心出家こそ大切なのです。

真の利行は自他を利す

過日、安田生命社長の竹村吉右衛門《たけむらきちえもん》さんと対談させていただいたのですが、「戦前に大をなした財界人に共通しているのは、利他《りた》の精神、奉仕の精神に徹しておられたことだ」と話されていました。それは、昔もいまも変わることがないのではないでしょうか。

道元《どうげん》禅師は「愚人は利他を優先させると自分が損をすると考えがちだが、利他も利己も区別はない。真の利行は一法《いっぽう》である。それは自分と他人の別なく、あまねく利するものである」と教えておられます。

異体同心の精進

体験説法の最後に「会長先生、これからもお見捨てなく」と言葉を加える人がいますが、私はみなさんと一緒に仏道をあゆむ者であって、信者さんを見捨てることなどありえません。

日蓮《にちれん》聖人は「魚《うお》の子は多けれども魚となるは少なく、菴羅樹《あんらじゅ》の花は多くさけども果《み》になるは少なし。人も又此《またかく》の如し、菩提《ぼだい》心《しん》を発《おこ》す人は多けれども退せずして実《まこと》の道に入る者は少なし」と申されています。私どもはあくまでも、互いに手を取り合い、たずさえ合ってこそ仏道をあゆみ続けることができるのです。異体同心を忘れずにまいりましょう。

自己と他己《たこ》

道元《どうげん》禅師は、他人も自己の延長線上につながっているものとして「他己」という言葉を使われました。「いまの社会は正直者がばかをみる世の中だ」などと考える人がいますが、それは自分と人とのつながりが見えないからで、ばかをみるような正直は、その場かぎりの信念のない正直でしょう。

人のために尽くす菩薩行《ぼさつぎょう》も同じで、自分にはなんの得もないように思っていた人が、ご法の体得が進んで「自己」と「他己」が一つのものだと分かると、人のためが自分のため、自分のためが人のためと、菩薩行の尊さが分かってくるのです。

秩序ある進歩

慶応義塾大学の塾長をされ、戦後は皇太子殿下の教育にもあたられた小泉信三《こいずみしんぞう》先生は、「秩序ある進歩」という言葉をよく使われました。なぜそれを強調されたのかというと、当時の社会の進歩は秩序の破壊なくしてはありえないといった誤った考えが、社会の一部に存在していたからです。

たとえば、自由に放し飼いにされているイヌが人にかみついたら、そのイヌは檻《おり》に閉じ込められて、自らも自由を奪われることになりましょう。それと同じで、秩序を乱す行動は自ら自由を放棄することになってしまうのです。

続ける努力

私は毎日欠かさずに日記をつけていますが、多忙のためにその日に書かずにいると、二、三日前のことも思いだせないことがあります。ご法の精進も同じで、ちょっと忙しさにかまけていると、ずるずると怠け癖《ぐせ》がついてしまうのです。たゆみない根気の大切さを思い知らされます。

よく、「あるとき啓示を受けて突如悟りを開いた」という人がいますが、それも不断の修行があったからで、なんの努力もなしに悟りが得られるはずがありません。コツコツとあゆみ続けて道を極める人のほうに私は親しみを覚えるのです。

習慣の暴力

『エッセー』の名著を残したフランスの思想家モンテーニュに「習慣は少しずつ、そっとわれわれのうちに権力の根を植えつける。初めは優しくつつましやかだが、時とともに恐ろしい暴君の威力を発揮する」といった意味の言葉があります。

精進とは逆に、この程度のことはまあいいだろうと自分を甘やかしていると、それが少しずつ根を張って自分で制御できない強大な力になってしまうことをいっているのです。戒律はそうした悪《あ》しき習慣に流されないためのもので、自由を束縛するどころか、習慣の暴力から自分を守ってくれるものなのです。

真似《まね》が大事

幼い子どもは、親が仕事をしているとかたわらでその真似をしたがります。お母さんが手紙などを書いていると、一緒になって紙に字を書いたりします。そんなとき、うっかり「じゃまだから、どきなさい」と叱ったりすると、せっかく自発的にやろうとする気持ちを傷つけられて、無気力になったり、屈折した形でそれを爆発させたりするようになるのです。

「この子は小さいときはおせっかいだったのに、大きくなったら、なんの手伝いもしない」などという親の不満は、案外そうしたことが原因かもしれません。

苦の原因

すべてのものは変化する、というのが諸行無常《しょぎょうむじょう》の真理です。ところが、私たちはその変化を認めたくないことが多くて、そこに苦が生じます。

たとえば、この財産、この地位、この幸福は、いつまでも変わらずに自分のものであってほしいと願います。それを失うまいと固執《こしゅう》します。しかし、それは諸行無常の真理にそむく無明《むみょう》の欲ですから、当然、そこに苦しみが生じてくるわけです。諸行無常の真理をしっかりと認めて受け入れること、それが苦諦《くたい》、つまり苦の実体を明らかにすることなのです。

水流は罪を浄めず

お釈迦さまのお弟子の一人が「私は自分が犯した悪業の穢《けが》れを流し浄めたいと、朝、昼、晩と日に三度も川に入って身を浄めてきました」と申し上げるのを聞かれて、お釈迦さまは「水流は罪を浄めず」と、そのお弟子を戒《いまし》めておられます。

水で体を洗うことによって体はきれいになり、心機一転して新しい生活に踏み切る一つの心の支えになることはあっても、心の垢《あか》を除くことはできません。

悪業《あくごう》の穢れを消すのには、善根を積むことにまさるものはありません。

秘密のこぶし

世間には、宗教教団の会長の私が特別の霊能力を持っているように考える人もおられますが、私は、ただ仏さまの教えを信じ、行じている仏教徒の一人にすぎません。教祖の霊能力で信者を集めるといったことでなく、なんの秘密もない、まことに開放的な人間です。お釈迦さまもこの世を去られる直前、お弟子に「説き残されたことは」と尋ねられて、「私はすべてを説き尽くし、隠している握《にぎ》りこぶし（秘密の法）などない」と答えられています。これが本当の宗教であって、それでなくてはすべての人を救う普遍的な宗教とはいえません。

味を知らぬ匙《さじ》

沖縄やハワイなど、本部から遠く離れた地で修行されている会員さんたちは、本部から幹部さんが訪れると熱烈な求道心《ぐどうしん》をもって話に聞き入ってくださいます。ところが本部の近くにいて、いつでも教えが聞けるという気持ちがあると、求める気持ちがつい薄らぎがちです。お釈迦さまは「匙は器《うつわ》につけども、その味を知ることなし」と、お弟子を戒《いまし》められました。スープをすくう匙がスープの近くにあってもその味が分からないのと同じで、「私のすぐそばにいても、聞く気持ちがなければ法のありがたさは分からないのだよ」と戒められたのです。

自信と慢心《まんしん》

思いつきや小手先でなく、自分のすべてをかけて打ち込めば、どんなことでも、だれにも負けない自信が生まれます。しかし、その自信は「われの力にあらず」という謙虚さに裏づけられて初めて本物になります。

事をなすのには、神仏のご加護、そして、たくさんの人の力添えが必要です。それを忘れると自信が慢心になって、だれにも受け入れてもらえなくなってしまうのです。真の自信は「自分ではない自分の力を信じることだ」と言います。その意味をかみしめていただきたいものです。

釈尊不在の仏教

国際宗教研究所所長として日本宗教界のために貢献されたウッダード博士が、日本を去るにあたり挨拶にみえました。ユーモアを交えた博士の話は聞く人を飽《あ》きさせないのですが、そのときに博士は「私は日本の仏教をよく調べましたが、仏教でありながら釈尊を本尊としていない不思議な仏教がたくさんあります。ですから私は、日本の仏教を釈尊を本尊とする仏教と釈尊のいない仏教とに分けているのです」と言われるのです。

日本の仏教の現状について、ズバリと的を射た言葉だと感心させられたものです。

経典の身読《しんどく》

文学博士の水野《みずの》弘元《こうげん》先生が、日本では仏教学がさかんだけれども仏教そのものは衰退していると憂《うれ》え、「教学は実践のエネルギーとなるものでなければならぬ」と言っておられます。また、ある方は「日本の伝統仏教界では教義が細かく整備されたけれども、信仰とはまったく無縁な哲学になってしまった。そのような仏教は、もはや宗教ではない」と、仏教の活力のなさを懸念しておられます。

日蓮《にちれん》聖人も、経典をただ口先や頭で読むのでなく、あくまでも身で読む、実践の大切さを教えておられるのです。

仏教の肝心かなめ

「仏教とは？」と問われて、鳥窠《ちょうか》禅師がそれに答えたのが、有名な「諸悪莫作《しょあくまくさ》　衆善奉行《しゅぜんぶぎょう》　自浄其意《じじょうごい》　是諸仏教《ぜしょぶつきょう》」という言葉です。悪いことはしない。善いことだけを実行する。そして自分の心を清浄《しょうじょう》にする、というこの短い言葉に、仏教の神髄《しんずい》が尽くされています。仏教の教えは、悪いことがどんな影響を及ぼすか、善いこととはどういうことか、清浄な心になるのには何が大切か、教えるものともいえましょう。

それは、どんな時代にあっても変わることのない人生修行の目的といえると思うのです。

人間再教育の教師

仏教の本義を本当に会得《えとく》したならば、宗派意識などというものは消え去るはずです。奈良、平安、鎌倉時代といった昔ならともかく、根本仏教が極められ、キリスト教をはじめ世界の宗教にも接し、科学も発達した現代では、人類全体という大きな視野でものを見、また、どのような立場の人もすべてが納得できる教えでなくては、真の宗教とはいえないのです。

やみくもに、ただ自分の宗派の教えだけを広めるというのでなく、すべての宗教者が「人間再教育の教師」の自覚に立つならば、宗教協力ができないはずはありません。

無常の楽しさ

諸行無常《しょぎょうむじょう》というと、この世のすべてははかないものだと、世をはかなむ考え方のように解されがちですが、無常の本当の意味は、この人生は努力次第でどんなすばらしいものにも変えられるものであり、無常なるがゆえに努力のしがいがあることを教えているのです。

諸行無常とは「一切法は因縁生《しょう》なり」とあるように、すべては因と縁によって変化していくということです。それを「因縁だから仕方がない」とあきらめるのではなく、積極的に心を改造し、因縁をよりよく展開させていくのが仏道精進です。

知ったかぶりの怖さ

「これを知るをこれを知ると為《な》し、知らざるを知らずと為せ。是《こ》れ知るなり」と孔子《こうし》は教えています。また世界的科学者であるアインシュタイン博士も、何か問題が起こった場合、自分が本当に分かるまでは決して軽率な判断を下さなかったそうです。とことん究明せずに、ただ分からない、興味がないというだけで事を非難したり、否定したりするようなことがあってはならないのですが、自ら学識を誇る人たちは、とかく宗教に対してそうした否定的な言動に走りがちではないでしょうか。食わず嫌いも、知ったかぶりも、自分の向上を止めてしまいます。

まねぶ子

教育とは、相手の中に眠っている能力を引きだし、伸ばしてあげることです。とりわけ子どもが小さいときには、親のすべてを真似《まね》て育ちます。学ぶという言葉は「まねぶ」、つまり真似をするが転化したものだと言います。たとえば母親が歌を口ずさみながら楽しく家事をしていると、子どもは、働くことを明るく楽しいものと考えるようになっていきます。お母さんがいつも暗い顔で仕事をしていれば、子どもは働くことは苦しいことだと思い込んで勤労意欲に欠ける子に育ちかねません。親の姿が子どものよい面も悪い面も引きだしていくのです。

滅公奉私《めっこうほうし》

大勢の利益のために自分の欲望をある程度犠牲にする、全体が納得するように自分の主張もほどほどに抑える。それでこそ民主主義が成り立つわけで、それが真の滅私《めっし》奉公《ほうこう》です。

いまの日本では国民の権利を誤解して、自分の利益、自分の主張をあくまでも通すのが民主主義のように考える人が多く、ちょっとでも自分が犠牲になるようなことは拒絶します。これでは「滅公奉私」の世の中です。それは貪欲《とんよく》と貪欲が衝突する社会を招き、結局は自分で自分の首を絞めることになって、だれもが幸せになれません。

奉仕できる喜び

人はふつう、自分が人に奉仕するのはあまり好きではなく、人から奉仕してもらうほうがうれしいように思っています。しかし、それは心のほんの表面上のことで、心の深いところでは、人はむしろ人に奉仕することを欲しているものです。

どんなことでもいい、実際に人さまのために尽くして、それで相手の人に喜んでもらえると、それがよく分かるのです。

「なんで、子どものことでこんな苦労をしなければならないんだろう」と愚痴《ぐち》をこぼしていた親でも、子どもが一人前になって巣立ってしまうと、空虚な思いに陥ってしまいます。世話をしてあげる人がだれもいなくなると、「ああ楽々した」という思いよりも、虚脱感に襲われてしまうのです。

さらに、体が不自由になって、だれにも、なにもしてあげられず、ただ周囲からしてもらうだけの身になってしまったら、どんなに寂しい思いになるかしれません。

そう考えてみると、自分が人さまに役立てることが、どんなにうれしいことか分かってきます。それが人間の本当の生き甲《が》斐《い》なのです。

人間の真の覚醒《かくせい》

政治も宗教も、つまるところは明るく住みよい社会の建設、そして人類の平和をめざすためのもので、その点においては変わるところはありません。

しかし、政治は、きのう、きょう、あすといった比較的さし迫った日限の中で、どちらかといえば力関係を中心にして動くものであるのに対して、宗教は、過去、現在、未来という長い時間の中で、個人の心の平和とともに理想の社会、平和な世界をめざします。

政治は社会の不正を正すことで社会浄化をめざし、宗教は人びとの仏性《ぶっしょう》を磨きだすことで、平和な世界を築くことをめざすものと言ってもいいかもしれません。

お釈迦さまが説かれた慈悲の教えを自分のものとして、それを、さらに多くの人びとに伝えていきたいという願いが菩薩《ぼさつ》行《ぎょう》なのですが、「三千世界を知るも、なお自己を知らず」と言われるように、人は、まわりの欠陥はよく見えても、自分のことなると何も見えていないものです。

政治も宗教も、まず自らを正して、それぞれの道で人間を真に覚醒させていくことを忘れてはなりません。

譲り合う自己実現

自分を捨てて人のために尽くすのが奉仕であり、真の自己犠牲です。

いまの時代に自己犠牲など説くのは、時代錯誤のように思う人もいるかもしれません。かつては主君のために、国のために自分を捨てて仕える自己犠牲が説かれたことがありました。しかし、私が言いたいのは、べつに国家存亡にかかわる一大事に際しての自己犠牲といったものではなく、日常生活での、きめ細かな自己犠牲の大切さです。それがあって初めて、しっとりとうるおいを持った社会ができると思うからです。自己犠牲を基盤としてこそ民主主義の社会が成り立つ、と言っていいのではないでしょうか。

よく、すぐれたセールスマンは自分では多くをしゃべらず、相手にしゃべらせるといいます。自分の主張を認めてもらうのには、相手の主張を認めるのが先なのです。全体のために自分の主張をある程度譲る自己犠牲が、結局、自分を守ってくれます。それが本来の民主主義です。最近の日本の民主主義は自己の主張のみで、譲り合う心を忘れているように見えてなりません。それでは自分の利益も保証されないのです。

畏《おそ》れる心

「恐れる」というと、何か恐ろしいものに対して怖がる、おびえることを考えますが、「恐れる」という言葉には、もう一つ、かしこまり敬うという意味があります。こちらのほうは、ふつう「畏れる」と書きます。

「畏れる」とは、神仏の力、すなわちこの宇宙を貫く真理の偉大なはたらきを敬い、そしておそれ慎《つつし》むというのが本来の意味です。この、見えないものを畏れ敬う心こそが、悪に走ろうとする心を抑えるもとといってもいいでしょう。そして、見えざるものを畏れ、あがめるこの心を育てるのが、宗教にほかなりません。

「信はこれ道の元、功徳の母なり」という言葉があります。絶対なるものを心にしっかりと信ずるとき、それが、自分のこの上ない支えとなって、すべてによき結果をもたらしてくれるのです。

この「畏れる」心をすべての人に持ってもらうことができてこそ、真に平和な、うるわしい人間の社会が生まれるのだと思うのです。

心が触れ合う感動

お母さんがご法のお役で、四六時中ずっと家にいることができない家庭も多いと思います。しかし、両親が健在でお母さんがいつも家にいても、非行少年が生まれてしまうケースも多いのです。

ある教育研究家が、ふつうの家庭に泊り込んで親と子がどれくらい話し合っているか調査してみたところ、一日平均三分十秒だったといいます。しかも、その話の内容は、「宿題はやったの？」「テレビばかり見ていないで勉強しなくちゃだめじゃないの」といった、親の側からの一方通行の話がほとんどだったというのです。これでは親子の会話とはいえません。

非行少年の父親が「小さいころはよく一緒にキャンプに行ったり、キャッチボールをしてやったのに」と言うのに対して、子どもは「親と遊んだことなどない」と答えたという話を聞きましたが、親は満足していても、子どもは仕方なしにやっているだけで、なんの記憶にも残らなかったのでしょう。

大切なのは親と子が顔を合わせている時間の長短ではなく、親と子の心が触れ合う感動です。心が通い合う話し合いができているかどうか、振り返ってみたいものです。

時代に応じた菩薩行《ぼさつぎょう》

人を救うとは、その人の持ち味を十二分に生かしきることであり、本当の生き方に目覚めてもらうことです。現実の苦しみから助け出してあげる方便の救いも大切ですが、人間として生きる真実の道を悟らせ、生き甲斐《がい》を取り戻してもらうことこそ最高の救いです。

最近は、病気や経済的な苦しみといった苦ではなく、人間関係の悩みや、物質偏重の社会風潮から生まれる苦しみ、さらには世界の平和を憂《うれ》えて入会する人も多くなっています。

佼成会のこれまでの三十年のあゆみは、言ってみれば法の力を目に見えるかたちで一人ひとりのうえに現わし、時代の苦を救済してきた歴史でした。その根本精神は時代がどんなに変わろうと変わるものではありません。しかし、時代が変わり人びとの生活環境が変われば、苦もまた、さまざまなかたちをとって現われてきます。

そうした時代の推移をしっかりと見極めて、その人その人に応じた対し方で法華経の真理に目覚めてもらうのが、現代の菩薩行です。さらに万億《まんのく》の方便が必要になるわけです。

前向きの諸行無常《しょぎょうむじょう》

私の性分と言ってしまえばそれまでですが、私は時間を持てあますことが嫌いなのです。車に乗っているときも、ラジオで放送されたいろいろな人の人生論などの録音を、携帯用のテープレコーダーで聞くのです。そうすると、車が渋滞して長いあいだ待たされるようなときも、ただイライラしているといったことがなく過ごせます。

そうして、そのときそのとき時間を生かして使うようにつとめていると、諸行無常の意味がよく分かってくるのです。

みなさんのなかには、諸行無常というと、すべてのものは移《うつ》ろいゆく、だんだん衰退していくこと、というように考える人もおられるのではないでしょうか。

そうではなく、すべてのものは刻一刻と変化していくのだからこそ、与えられた時間をむだにしてはならない、よい方向に変えていこう、努力次第で必ず変えていけるのだ、と教えてくれるのが仏さまの教えです。

それが分かると、いつも明るい、前向きの姿勢、発展的な生活態度が、自然に身についてくるのです。

自他一体感

慈悲というと、幸福な人が不幸な人や気の毒な人を憐《あわ》れみ、情けをかけてあげることのように思われがちです。

慈善事業というと、「一段高いところから人を見下しているようなところがあって好きではない」という人がいるのですが、これも、そうした先入観のためでしょう。

慈悲心とは、決してそんな高みから人を見下すようなものではありません。まったく反対に、まず相手と一体になりきることから慈悲は始まるのです。同じ人間同士として、同じ苦の世界に生きる者同士として助け合い、幸福を分かち合いたいと願うのが慈悲心です。

この本当の慈悲心が忘れられているところから、今日の、さささくれだった社会が生まれてしまっているともいえましょう。

まず、この世はすべて持ちつ持たれつの相互依存の関係にあることを、すべての人にしっかりと知ってもらうこと、それが先決です。それがそのまま諸法無我《しょほうむが》の真理を知ってもらうことであり、それなくして心の底から湧《わ》き出るような自他一体感は生まれてこないからです。

一九六八年（昭和43年）

清浄心《しょうじょうしん》で新しい出発

明けまして、おめでとうございます。

会員のみなさまには、明るく、楽しい新年を迎えられたことと思います。

「一年の計は元旦にあり」と言われますが、私は、一年の計は前の年の十二月一日に立てておくぐらいの心構えでなくてはならないと、いつも申しております。これは、私だけの考え方ではなく、日本では古くから十二月を「悔過《けか》の月」と呼んでおりました。

悔過とは、その一年間に自分が犯した失敗や考え違い、さまざまな悪い点を反省し、懺悔《さんげ》する行事です。そうして身も心も清浄にしてこそ、新しい年を迎えて新たな出発ができるわけです。過去を忘れる者に、実りある明日はないのです。

信仰を持たないと失敗は苦しみでしかありませんが、信仰を持つと、同じ失敗が新たな出発の原動力となっていくのです。失敗の反省が、次の発展に生かされていくわけです。

年頭にあたり、みなさまが新たな決定《けつじょう》をもって、今年を真の「躍進の年」としていけるよう、ご精進くださることを心から期待しております。

相手が話してくれる法座

街頭に立つ易者などが「黙ってすわればピタリと当たる」と看板に書いているのを、よく見かけます。日常会話でも冗談《じょうだん》口によく言うのですが、方位の勉強を深めると、今日は、いくつの年の人が、どこから来るかで、どんな問題で相談にきたのかといったことまで分かることがありました。

しかし、法座は相手が抱えている問題をピタリと言い当てて驚かせるところではありません。あくまでも相手の話をよく聞き、相手の気持ちをよく分かってあげる場です。

心と心の触れ合いを通して「幸せになるのには、仏さまの教えどおり行じることが大切なのです。そうすれば、だれもが必ず幸せになれるのです。一緒に仏道をあゆみましょうね」と導いてあげることが大事なのです。法座は、あくまでも相手を心から思いやる心と心が通い合う、話し合いの場でなくてはなりません。

黙ってすわっていてもピタリと言い当てるのではなくて、こちらは黙っていても、相手が自分をさらけだして、抱えている悩みを相談したいと思うような、そういう法座主になりたいものです。

精神的な偏食

『法華経』の「方便品《ほうべんぽん》」には、「真実の教えはただ一つであって、二つも三つもあるわけではない。ただ仏の智慧《ちえ》に到達するまでの手段として、相手に応じていろいろな説き方の違いがあるが、その説き方の違いも究極の真実に導くためなのである」と説かれています。

この世にはさまざまな宗教がありますが、それぞれの違いは、その時代、その社会を生きる人たちを究極の真実の道に導くためのものだといえましょう。それぞれの宗教が互いに違いを言い立てて対立し、協力を拒《こば》むといったことがいかに無意味であるか、この仏さまのお言葉をかみしめると、よく分かってきます。

信仰とは、帰依《きえ》する対象を信じきって、それを貫き通すことです。また、その心構えでなくては真の信仰とはいえません。しかし、そこで一歩誤ると、自分の教えの絶対性を主張して他を認めようとしない排他独善の信仰に陥ってしまいます。

それは、言ってみれば精神的な偏食のためにやせ細り、視野の狭《せま》い人間になってしまうようなものです。くれぐれも注意しなければなりません。

道理の自覚

関西の私鉄で起こった大事故が、さかんに報道されています。その会社では以前も同様の事故を起こしていて、いずれの事故も運転手の不注意が原因と言われています。

前の事故のときは、運転手が自分の子どもを運転席に乗せていて、衝突寸前に子どもと自分が逃げ出すという事故でした。そしてこんどの事故も、運転手が衝突する直前に運転席を離れ、乗客通路を通って後方に避難したと報じられています。

運転手は乗客全員の生命を預かっています。それを自覚すれば、慎重のうえにも慎重にならずにはいられないはずで、その自分の役目に徹していれば、こんな事故は起こるはずがなく、未然に防げたはずです。

日蓮《にちれん》聖人は「仏法と申すは道理なり」と喝破《かっぱ》されましたが、私たちもまた、人のことを責めるだけでなく、わが身に照らしてみなくてはなりません。

夫婦は夫婦として、学生は学生として、政治家は政治家として、その役割に最善を尽くすのが道理です。この当然の道理をしっかりと自覚し、守っているかどうか。社会のさまざまな間違いは、その自覚の欠如から生まれているともいえましょう。

教えると身につく

先日、巨人軍の川上哲治《かわかみてつはる》監督と対談したときに、監督がこんな話をされました。「他人は他人、自分は自分と個人プレーに走る選手では、よい選手とは言えない。野球はチームプレーだからというだけではなく、自分が習得した技術を他に教えないような自分中心の選手では大成しないのです」と言われるのです。

私は「なるほど」とうなずかされて、「仏教でも他人のために法を説かなければ、自分の向上も、悟りを得ることもできないと教えています」と話すと、川上監督はたいへん喜んでおられました。

私は、妙佼《みょうこう》先生をお導きしたのをはじめ、たくさんの人をご法に導かせてもらい、その人たちの手どりをすることで自分自身が大いに磨いてもらえたありがたさを思わずにいられません。人さまに法を説くと、逆に自分の未熟さを思い知らされます。また、人さまに説くことによって自分が教えを実行せずにいられなくなるのです。自分が習い覚えたことを人さまにお伝えすることで初めて学んだことがしっかりと身につき、血となり肉となっていくのです。

先に憂《うれ》い後に楽しむ

後楽園というと、みなさんは野球場を思いだされると思いますが、元は、水戸の殿さまによって造られた庭園の名前で、中国の「先憂後楽《せんゆうこうらく》」という古い言葉から、そう名づけられたと聞いています。

「先憂後楽」とは、国を治める者は民《たみ》に先立って憂い、民に後《おく》れて楽しまねばならぬ、という意味です。民に後れて楽しむとは、民が喜ぶのを見て自分の喜びとすることで、為政者にとって大切な心構えです。

逆に言うと、民に先んじて自分だけが楽しむような為政者であっては失格ということになります。為政者、政治家にかぎらず、先憂後楽は人を導くリーダーのすべてが心すべきことでありましょう。

あの人、この人のことを、自分のことより先に心配してあげる。なんとしても幸せになってもらわなくてはならないと、その道を教えてあげ、その人が幸せになった姿を見て「本当によかった」と心から喜ぶ。そういう人になりたいものです。

それこそ、仏さまのお慈悲の眼を持った人でありましょう。

宗派と偏見

「教相判釈《きようそうはんじやく》」という言葉があります。お釈迦さまが説かれた数多い教えを判別し、解釈し、分類し、それを体系づけてお釈迦さまのご真意を明らかにすることです。

ところが、そのお釈迦さまの智慧《ちえ》と慈悲に発する教えが、時代とともに、いくつにも分かれるようになってしまいました。さまざまな宗派に分かれ、その各宗派が、自分たちの教えこそ他宗に優《まさ》るものだとして、それを証明するために教相判釈が行なわれるようになってしまったのです。

それぞれの宗派の宗是《しゅうぜ》は、もちろんすぐれた特色を持っています。しかし半面、それが宗我《しゅうが》にとらわれた偏見を生む危険性にもつながっていることを忘れてはならないのです。どんなにすぐれたものであっても、それを絶対のものと考えると執着《しゅうじゃく》になってしまいます。自分の信じるものと違う教えは一切認められなくなってしまうのです。常にそれを戒《いまし》めてこそ、宗是のよい面が保たれるわけです。

うっかりすると、すぐれた宗是が宗教にとっていちばん大切な普遍性を失わせ、他宗との協力を一切拒《こば》むといった障害になりかねないのです。

握《にぎ》りこぶしはない

本会にもマスコミ関係の方がしばしば取材にきますが、異口同音に、「佼成会は開放的で、自由に取材をさせてもらえてありがたい」と言ってくださいます。特別な霊能力によらなくては救われないとか、秘密の教えで成り立っている教団であれば、取材されては具合が悪いということもありましょうが、佼成会には、そういうものは一切ありません。

たくさんの教団の中には、神秘性で権威づけて「知らしむべからず、よらしむべし」といった一方的な信者への押しつけで、どんな批判も許さず、教団の絶対性を保とうとしているところもあるかもしれません。しかし仏教の教えは、いつでも、どこでも、だれにでも「なるほど」と納得してもらえる教えです。そして、すべての人を等しく真の幸せに導くことができるという意味で、絶対の法なのです。

お釈迦さまは「私には、隠している握りこぶしはない」と語っておられます。自分だけが握っていて人に明かさない秘密の法など私にはなく、すべてを説き明かしたとおっしゃられるのです。その教えをしっかりと持《たも》ってこそ、国民皆信仰を呼びかけられる宗教教団となるのです。

菩薩行《ぼさつぎょう》は真のぜいたく

広い土地を買ったり、高価な宝石を買ったりするのは、一見たいへんなぜいたくのように見えますが、それが、いずれ値上がりするだろうといった目算《もくさん》があってのことでは、本当のぜいたくとは言えないというのです。本当のぜいたくは、損得を度外視したものではないかというわけです。

ぜいたくとは、ふつう身に過ぎたおごりのことをいいますが、もう一つ、利害や損得をまるで考えずにその道を楽しむことを、日本人は真のぜいたくと考えてきたように思うのです。そういう意味でいうと、見返りなどまるで考えずに一生懸命に人さまへの奉仕に徹する菩薩行こそ、最高のぜいたくと言えるのではないでしょうか。

人さまへの無私の奉仕は、かりに思い立っても、とても一人でできるものではありません。だからこそ、それを志すよき友とあること、サンガに加わることが大切なのです。よき友とともにあると、自然にそれができるようになるわけです。

いま、みなさんが喜んで菩薩行に励んでおられるのも、深い法縁、深い約束ごとによるものなのです。

苦労をしょい込む喜び

現在の私は、二十一貫《かん》（約七十九キロ）の体重がありますが、会の草創当時は十五貫五百匁《もんめ》（約五十八キロ）ぐらいの体重でした。身長が百七十四センチあるのですから、まるで骨と皮だけのような体だったのですが、水行《すいぎょう》を何か月間続けても、へたばるようなことはありませんでした。

若かったと言えばそれまでですが、牛乳店の家業を営みながら布教をしていた当時は、信者さんの家を一軒一軒回ってお祀《まつ》り込みをし、ご供養を終えて帰宅するのが夜中の一時、二時を過ぎる、ということもしばしばでした。それで朝の四時には起き出して牛乳を配達して回るのですから、睡眠時間は二、三時間。それでも、信者さんが幸せになっていくのを見ると、苦労がふっとんで、「本当によかった」と、心の底からうれしさがこみあげてくるのです。その喜びが私の支えでした。

自分の商売だけに専念していれば楽に生活できるものを、周囲の人が見たら、まるで自ら苦労をしょい込むようなことをしているわけなのですが、「この苦しさを乗り越えてこそ自分が磨かれるのだ」と身をもって知ったことが、私の人生の宝物になったのです。

ものの見方の基準

最近、私は宗教家はもちろんのこと、政治家の方や学者の方など、いろいろな分野で仕事をされている方にお会いすることが多くなりました。

先日も、児童心理学の学者の方との対談をはじめ、沖縄から本会を訪れた会員で琉球《りゅうきゅう》政府の厚生局長をされている方、そして建設関係の方と、矢継ぎ早にお話をさせてもらいました。秘書が「よく話が混乱しないものですね」と言うのに、私も「そうだね」と笑ったものです。

何か上手なことを言ったり、相手を驚かすようなことを話さなくてはならないと考えると、それはたいへんなことですが、どんな方にお会いするにしても、こちらのものの見方の基準さえしっかりと定まっていれば、困るものではありません。

法にもとづく知恵を持っていれば、さまざまな分野で活躍されている方が話してくださる知識が、すべて自分の勉強になるのです。そして、それがまた、こちらの知恵を深めてくれるわけです。ご法を中心にした話し合いは、論争のためにするものではなく、互いに人間として高め合うためであることを、しみじみ思わされるのです。

水のような信仰

「火のような信仰」と「水のような信仰」の二つがある気がします。激情にかられて一時的に燃え上がるのが、火のような信仰です。それに対して、不退転《ふたいてん》の気持ちを持って淡々と信仰生活を送るのが、水のような信仰といえましょう。

火のように一時的に燃えたつ信仰は、また、あっけなく頓挫《とんざ》しがちです。水のように淡々として、しかもねばり強い信仰でこそ長続きする本物の信仰になっていくように思うのです。

そうした信仰は、ものごとを正しく見、正しく行じてこそ持続するもので、その一念は岩をも貫き通す力を得るのです。

みなさんもよくご存じのように、『法華経』の「信解品《しんげほん》」には、長者のもとで窮子《ぐうじ》が二十年間も塵芥《ちりあくた》の掃除を黙々と続けて、次第に認められ、信頼を得て、ついに望まずして宝の蔵を得たことが説かれています。朝には精進を誓うものの、夕方にはその決心がくずれてしまうというようなもろい信仰であっては、とても悟りは得られません。

信仰というものは、一時の激情にかられてやれるものではなく、あくまでも、ねばり強く続けてこそ本物になるのです。

「する」と「なる」

句作の要諦《ようてい》は、「する」ではなく「なる」にあるといわれます。

「する」というのは、作為的に無理に作る、あるいは人が驚くようなものを作ってやろう、といった作為をもって句作することをいいます。そうではなく、俳句は自然ににじみ出てくる「なる」ものでなくてはならないというのです。

しかし、初めからそのように自然に俳句が詠《よ》めるものではありません。そこに至るまでには意識的に努力する、つまり「する」ことの積み重ねがなくてはならないわけで、まず、お師匠さんについて、そのお手本をなぞって作る。そうしてお師匠さんの教えを完全に身につけて、そこから自分の世界を見つけていく努力によって初めて、自然に句が「なる」ところに到達できるわけです。

「なせばなる」という格言がありますが、どんな道を極めるのにも努力の積み重ねが肝心です。その過程を忘れて、一足跳びに初めから「なる」境地をめざしても、なるものではありません。そういう考えを浅慮《せんりょ》というのです。

陰役《かげやく》への合掌

私は大家族の家庭で育ったものですから、いつも家族のだれかが家にいて、外から帰っても寂しい思いをしたことがありませんでした。家の中にはいつも人の温《ぬく》みがあり、囲炉裏《いろり》には火の気のぬくもりがありました。

そうした自分の少年時代に比べて、佼成会のお役を果たしてくださる幹部さん方の場合は、会員さんの手どりで帰宅が遅れて家族の夕食の支度もできない日もあるのではないでしょうか。

そうしたときには、会社で働いて疲れて帰宅したご主人が、お湯を沸《わ》かしたり、子どもさんが食事を作らなければならないこともあるはずで、ときには家族から苦情が出ることもありましょう。

しかし、その家族は、お母さんと一緒にご法のお役をしてくださっているのと同じなのです。それが陰役で、そうした家族がいればこそ、安心してお役を果たさせてもらえるわけです。

「本当に、みんなよくやってくれてありがとう」と、その陰役に心から合掌する心になっていれば、間違っても「お母さんはご法のお役をしていたんですからね！」などと言い返したりすることはないはずなのです。

報恩行のご供養

私たちが毎日精進させていただく、その功徳が先祖に回向《えこう》されて、すでにこの世におられないご先祖さまが喜ばれ、成仏してくださるのは間違いがないのですが、自分の精進のお陰でご先祖の諸精霊《しょしょうれい》が成仏できるのだ、といった考え方になると、いつしか増上慢《ぞうじょうまん》の心になってしまいます。それで、だんだんに心のこもらない、形だけのお給仕になってしまい、ご供養になってしまうのです。

お経文にも「われの力にあらず」という言葉がありますが、

私たちが、いまこうして法縁を得て精進できるのも、また、ご先祖さまのご供養をさせてもらう気持ちになれたのも、すべてご先祖の積まれた功徳のお陰なのです。その大恩に、心から「ありがとうございます」と感謝する気持ちから出発しなくてはなりません。

本当のご供養は、自分が頂戴《ちょうだい》したご恩に、どうお報《むく》いできるかという報恩行です。自分がこうして毎日ご供養させてもらう時間を頂戴できている生活がどんなにありがたいことか、まず、それをしっかりとかみしめなくてはなりません。

ご法のものさし

法座にすわって人さまの話を聞くことで、それまで自分が正しいと思ってきたことを「なるほど、そういう考え方もあるのか」と反省させられ、教えられることが、しばしばあるはずです。

「いままでの自分は、独《ひと》りよがりの狭《せま》い考え方をしていたのだな」と反省させられ、それまでの自己流の小さなものさしを、ご法という大きなものさしで見直せるようになるわけです。また、人さまの苦労を知って、それまでの自分の甘い考えや生活態度を省みずにいられなくなります。そうして自分を磨いていく場が法座なのです。

人間というものは、とかく自分のそれまでの限られた経験だけで、なにもかも分かったつもりになり、自分は少しも間違ったことはしていない、と考えているものです。独断と偏見に陥って、それに自分では気づけないことが多いわけです。

織物でも、よい布を織るのにはタテ糸とヨコ糸をうまく織り合わせなくてはなりません。これまでの自分の経験をタテの糸とすれば、人さまの意見や知識をヨコの糸としてうまく織り合わせて、自分の知恵にしていただきたいのです。

マイホーム主義

仕事中心の夫とマイホーム主義の夫と、いずれがよいかと論じる記事が、最近の雑誌によく掲載されています。

どちらについても、もっともな意見が述べられていて一長一短があるのですが、それはそれとして、近ごろのマイホーム主義の考え方には、いくつかの欠点がある気がします。いちばん怖いのは、自分の家庭だけ幸せなら人のことなどに関心はない、といった態度に陥りやすい点です。

それは家庭の問題だけに限りません。会社や、さまざまな組織、さらには宗教教団の中にも、自分の教団さえ安泰であれば、わざわざ宗教協力といったことにエネルギーを使うことはないといった考え方をする人がいます。

マイホーム主義も、それがたんなる利己主義に陥らないように常に自らを戒《いまし》めていないと、大切にしている自分の幸せもくずれかねません。

いま自分が幸せならば、自分は他のために何をなすべきなのか、何ができるのかと考える、そういう前向きの生き方こそが本当のマイホーム主義でありましょう。

今の心を正す

これまで続けてきた修行の過程で、私もいろいろ不思議な霊能現象などに出会ったことがありました。しかし私は、とくに自分からそうした現象を求めたり、興味を持って没入するということはありませんでした。

奇跡や不思議な現象を現わすために信仰する、念じるというのは、正しい信仰とは言えません。念という字は「今の心」と書くように、「この自分の現在の心を正す」ことこそが宗教信仰の目的です。

かつては「もののけ」といった恐ろしいものがいて、それを退散させるための祈禱《きとう》なども、宗教の大事な要素と考えられた時代がありました。しかし、よくよく考えてみると、「もののけ」とは、人の心の闇にひそむ欲望や、ねたみ、怨念《おんねん》といったもので、「それを退散させて自分の心を正していくのが信仰だ」と言われる方がおられましたが、まさにそのとおりでしょう。

特異な現象にのみ目を向けて、自分は人格的に少しも向上しようと努力せず、それを信仰と思っているのでは、「国民皆信仰」を呼びかけても聞いてもらえるはずがありません。

法座の話題

私は六十歳を過ぎた現在も、できるかぎり本を読み、テレビやラジオでも、人生の糧《かて》になるような番組を聞くようにつとめています。それが私の信念の裏づけになり、私の説法の潤滑油となり、そして、なによりも私自身の向上の糧となっているのです。勉強の機会は、その気になればいたるところにあるのを思い知らされます。

最近の若い人たちを見ていると、親からの仕送りを受けて大学へ通わせてもらいながら、自ら求めて努力をしている人は、案外少ないのではないでしょうか。私は、みなさんに毎日法話をさせてもらうのに、どう話せばよく分かってもらえるか、そのために自分の心を深めておかなくてはならないと、あらゆるものから知識を吸収するようにつとめているのですが、そうした自分の願いを持つことが大切だと思うのです。

法座でも、いつも同じことばかり話していたのでは、「せっかく行ってもつまらない」ということになってしまいます。「法座にすわらずにいると時代に遅れてしまう」と信者さんが思うくらいの活気ある法座にするのには、幹部さんが常に勉強し続けなくてはならないのです。

自分の修行で社会浄化

佼成会でも、かつての体験説法は自分の精進で病気が治ったとか、貧しさから抜けだせた、といった報告が多かったのですが、最近、各地の布教大会で聞かせてもらう体験説法は、その内容がもう一段高まっているのを感じます。

最近の信者さんの説法は、「仏教真理によってこれまでの自分の生き方を反省し、心の姿勢を正す実践によって、こんなに大きな喜びを味わえた。この喜びを多くの人にお伝えしなければならない。それをとおして真の平和をこの社会に実現したい」といった説法に変わってきているのです。自分の修行と社会の浄化が一つに結びついているところに、なによりも頼もしさを感じます。

自分がたずさわる仕事にしても、その意義を知って働くのと、無自覚に働くのとでは大きな違いが生まれてしまいます。自分が従事しているその仕事が、社会、国家にどのように貢献しているのか、仕事の意義をしっかり自覚して働くと、打ち込み方がまるで違ってきます。使命感が、働く喜び、生き甲斐《がい》を生むのです。

教と育があってこそ

過日、山口放送で明治百年を記念して「教育と宗教」をテーマにした座談会があり、私も出席しました。その座談会で、維新の大業を成し遂げた幾多の青年と、それを育てた吉田松陰《よしだしょういん》先生のことが話題にのぼりました。

長州藩士の松陰先生は、萩《はぎ》に松下村塾《しょうかそんじゅく》を開いて明治維新で中心的な働きをする人材を何人も育て上げました。松陰先生の塾は、いまの学校教育の施設から見れば、いかにも小さく、見すぼらしいものだったでしょう。そこから、日本の国を動かす逸《いっ》材《ざい》が輩出《はいしゅつ》したのは、松陰先生の教え方が本物だったからです。

松陰先生は、塾生一人ひとりについて、そのすぐれた点を見つけだし、引きだす力を持った師でした。師と塾生とが起居《ききょ》をともにして、その肌と肌が触れ合う教育で師の信念と意気をじかに感じた若者たちが、自ら「われこそ日本の柱たらん」との情熱に燃え立って学んだのです。

現代の教育には知識を詰め込む「教」はあっても、肝心の人間をつくる「育」に欠けるところがあるのではないでしょうか。その根底となる宗教情操教育の重要さを思わずにはいられません。

維新の大業

明治百年を記念して今年はいろいろな催しが行なわれていますが、それにつけても思いだされるのは、徳川幕府のもと二百六十余州に割拠《かっきょ》していた全国の諸大名が一つになって、新しい国づくりに力を合わせた明治維新のことです。

それから、すでにかなりの時代を経ているのですが、現代に至ってもなお、世界の各国は依然としてイデオロギーを中心に対立し、一つになって力を合わせることができずにいます。それを見るにつけても、それまで互いに排他的だった各藩を一つにまとめた明治維新が、どれほどの大事業であったかを思い知らされ、それを実現させた指導者のスケールの大きさを思わずにはいられません。

明治維新は私たちにこの上ない勇気を与えてくれ、人間の英知の無限の可能性を教えてくれます。その大事業の先駆者となった人たちは大乗精神の持ち主であったはずだ、と私は信じているのです。これをよき先例として、それをさらに拡大して世界の維新を成し遂げなくてはならない、と心から思うのです。

偏見と独善を排する宗教者こそ、世界を一つにする先頭に立たなくてはなりません。

三宝《さんぼう》の尊さ

お釈迦さまは六年間にもわたる苦行ののち、ピッパラ樹（菩提樹《ぼだいじゅ》）の下《もと》におすわりになられて、ついに悟りを開かれました。その喜びは、たとえば科学者が偉大な新発見をしたときの「これだ！」と天にも昇る思いにも通じるものではなかったかと拝察するのです。悟りを開かれたあとお釈迦さまは、その悟りの内容を反芻《はんすう》吟味され、いちどは「この悟りは人びとに話しても分からないだろう。このまま私の心にしまっておくべきではないか」と思い悩まれます。

しかし、それでは人びとの苦しみを救うことはできないと思い直されて、それを、どのようにして人びとに伝えようかと説き方を思いめぐらされ、かつて自分と苦行をともにした五人の比丘《びく》が修行している鹿野苑《ろくやおん》へとおもむかれます。そこでの説法によって真理が初めて明らかにされたのでした。

そのお釈迦さまの説法を五比丘が理解したときに、仏教という宗教が成立し、教えをともに行じようというサンガができたわけで、お釈迦さまが悟られた真理の法と、その悟りを開かれた仏さまと、その法を行じる僧（サンガ）があってこそ、仏教なのです。三宝帰依《さんぼうきえ》こそ仏道修行の肝心かなめです。

自ら信じる道

初めて日蓮聖人《にちれんしょうにん》のご遺文《いぶん》を拝読したときのことを、私はいまもはっきり覚えています。そのとき私は、日蓮聖人も私と同じ悩みを抱かれ、同じことを求めておられたのだと知ったのです。その感動は言葉には表わしようがありませんでした。

日蓮聖人は、自宗のみが正しいとして争っている教団や信徒に対して、「釈尊の真精神に帰らなければ人も国も救うことができない」と訴え続けておられたのです。それを知って、私は「これほど立派な日蓮聖人の教えを受け継いでいる日蓮宗が、なぜ一つになって日本国のために力を尽くせないのか」という疑問を持たずにいられなくなり、さっそく「このすばらしいご聖人の教えを推戴《すいたい》する日蓮門下が一つになって精進すべきだ」と、身延《みのぶ》のお山に登って訴えたのでした。

その私の提言に賛成はしてもらえたのですが、結局、大同団結は実現しませんでした。そうした経緯を経て、私は自らの信じる宗教協力の道をあゆむ決意に立ったのでしたが、このときに、あらためて自灯明《じとうみょう》・法灯明《ほうとうみょう》の大切さを、実感としてずしりと身に悟らされたのでした。

民主主義の基礎

西欧の国々に民主主義社会が定着したのは、人びとの心の根底に「神のもとにおいて人間は平等であり、一つにつながっている」という意識が根を下ろしていたためだと言われます。

しかし、時代を経るにしたがって全知全能の神の存在を否定する人びとが現われ、神の権威が薄れてきたためでしょうか、西欧諸国でも反体制のデモなどがさかんに行なわれるようになり、民主主義の基礎が揺らいでいるようにも見えます。

一方、戦後の日本も民主主義一色の社会になったのですが、日本の社会には、「神のもとに平等」という意識の連帯がまるで存在していません。それが、自分の責任を果たすことを忘れて手前勝手の自由を声高《こわだか》に叫ぶだけの無秩序な民主主義を生みだしている最大の原因のように思えるのです。

キリスト教的な「神のもとに」という連帯感はなくても、日本の社会には、生活に深くしみ込んだ、たとえば「ご先祖さまに申し訳ない」といった生活倫理が伝えられているはずです。それをもとにして、一人ひとりが自らを律する自灯明《じとうみよう》・法灯明《ほうとうみよう》の精神に立ってこそ、真の民主主義が実現するのだと思うのです。いまほど国民皆信仰運動が大切なときはありません。

菩《ぼ》薩《さつ》の心が宗教の心

母親の愛情には打算がありません。自分のすべてを与え尽くすこともいとわない献身そのものです。「いま私があなたを一生懸命に育てているのだから、その代わり、大きくなったら私に親孝行しておくれ」などという気持ちはこれっぽっちも持たず、ひたすらわが子に愛情を注ぎ、すこやかに育つことを願うのが母親の愛情でしょう。

その母親の無償の愛をより大きく広げたのが、観世音《かんぜおん》菩薩の慈悲の見守りです。観世音菩薩は、この世のすべての人をわが子として見守っておられ、苦しみを訴えてお名前を呼べば、すぐそこに身を現わされ、手を差し伸べ、願いをかなえてくださるのです。禅と念仏の教えをアメリカで広めた鈴木大拙《すずきだいせつ》博士は、「キリスト教も、厳しさだけではなしにマリアの優しさがもっと表面に出なければいけない。マリアの思想とはいわゆる菩薩の思想である」と言われています。

幼子《おさなご》を抱いたマリア像は、慈愛に満ちた母親そのものです。その母の愛を多くの人に広げて、すべての人が救われ、幸せになることを自分の願いとし、喜びとする生き方こそ、菩薩の思想であり、すべての宗教の根本だといえると思うのです。

成仏の条件

お釈迦さまは、「生まれによって聖職者となるのではない。行為によって聖職者となる」というお言葉で、人間の尊さは、その人自身の行為によって決まると教えられました。

お金持ちの家に生まれ、立派な学歴を持っていても、過ちを犯し、それを恥じることのない人もいます。それに比べ、貧しい家に生まれても、毎日コツコツと働いて、人さまのために役立つ苦労を惜しまない人もいます。どちらがすぐれた人か、言うまでもありません。

人が集まれば、そこに組織というものが必要になり、その組織を運営するために、いろいろな役職が設けられます。会社ならば、社長、部長、課長、社員と、立場は分かれますが、社長は社長の仕事を、部長は部長の仕事を、社員は社員の仕事を成し遂げる。それが組織全体に貢献することであり、その尊さに上下の違いはありません。その働きによって自分を高めていくのが、そのまま成仏の道といってもいいのです。

役職や立場の高低によって、悟りの度合いが違うわけではありません。与えられた役をどれだけ果たすことができたかということが問題なのです。

自己確認の方法

現代は不信の時代であるといわれます。社会のあらゆるものが目まぐるしく変転し、しかも、それがまた泡《あわ》のごとく消えていく社会で、人びとが何を信じてよいのか分からなくなるのも当然といえましょう。

そうした社会であればこそ、人生の確固たる指針となり、人生のあゆみの杖《つえ》となるご法に遇《あ》うことができて、それを受持《じゅじ》していけることほどありがたいことはないといえましょう。

いまのように変化が激しく、価値観が多様化している時代にいちばん大切なことは、自分がいったいどういう存在であるのか、しっかりとつかんでいることです。それさえつかんでしまえば、周囲の変化に振り回されて自分を見失うといったことはなくなるのです。

その自分の存在に自信を持つためには、自分がどれだけの人に影響を与えているかを知ることです。それが、自分が人びとにどれだけ信頼され、信用されているかのものさしであるからです。「あの人の言うことなら間違いがない」と言ってもらえる人間になっているかどうか、それぞれが、もういちど自分を見直してみたいものです。

先祖供養の出発点

『大般涅槃経《だいはつねはんぎょう》』という経典に、「宗廟《そうびょう》を崇《あが》めて儀典《ぎてん》をやめず」という言葉が出てきます。宗廟とは祖先の御霊屋《みたまや》のことです。自分がいまこの世に存在できているのは、ご先祖さまのお陰であるのは言うまでもありません。一本の樹木にたとえるならば、ご先祖は根であり、私ども子孫はその根によって育てられた枝葉《えだは》です。両親は幹《みき》ということになりましょうか。

ですから、枝葉である自分を茂らせ、美しい花や実を結ばせるためには、まず根に栄養を与えなければなりません。この順序をわきまえてこそ万物の恵みを十分に受けられるわけで、それが人間の道なのです。

ご先祖さまを粗末にするとたたりがあるのではないか、などと恐れて先祖の霊を拝むのは、まったくの考え違いです。「行供養《ぎょうくよう》」という言葉があります。自分の現在をあらしめているご先祖のご恩に対して、心からの感謝の念をもって、その徳をあがめ、そして「ご先祖さまに安心していただける自分になります」とお誓いして精いっぱい努力するのが、供養の出発点です。

家を出る決意

私は六人兄弟の次男に生まれたのですが、子どものときから祖父に、「次男の役目は大事なんだぞ」と教えられて育ちました。かつて田舎では「かまどの灰にいたるまで、この家のものは長男のものだ」と言われたものです。ですから当時の私は、「次男の私は家を出て、家を継ぐ兄に迷惑をかけないことが家のためになるのだ」と考えていました。

といっても、黙って家を出てしまったのでは兄に嫌な思いをさせることになります。それで十八歳になったときに、「私はこれから東京に行ってがんばってくる。家のことは兄貴にまかせたぞ」と、逆に兄を励まして単身上京したのでした。まったくの裸《はだか》一貫、まさに徒手空拳《としゅくうけん》でしたが、「いまに三井、三菱《みつびし》と肩を並べる人間になるぞ」と意気軒昂《けんこう》でした。

最近は、農家の子どもが農業を嫌って家を出たり、淡い夢を抱いて都会にあこがれる家出が多くなっているようですが、それとは気持ちの持ち方がだいぶ違っていたように思うのです。

人生の新たな出発には、めざすべき目標と意気込み、そして自分で立てた誓いが大切です。いま思うと、ものに恵まれなかった当時のことが、むしろありがたく思えるのです。

縁を生かす

「私たちの教会道場は交通が不便なところで、なかなか人が集まらない」とか、「うちは人材がいないので」と愚痴《ぐち》をこぼす人がいます。しかし私は、信仰の第一歩は、いま自分に与えられたその条件を、仏さまが自分にふさわしいものとしてお手配くださっているのだと受け止めることから始まると思うのです。

現在の条件、自分の置かれている立場は、縁あってこそのものです。不十分な環境であれば、開拓の余地と苦労のしがいがあり、さらに発展が約束されているわけです。

日蓮《にちれん》聖人は「極楽百年の修行は、穢土《えど》一日の功《こう》に及ばず」と仰せられています。極楽浄土へ生まれ変わって百年間修行する功徳も、汚濁《おじょく》の地であるこの娑婆世界で一日修行する功徳に及ばないというのです。

地方の布教大会でも、自分が置かれたこの条件こそ、仏さまが自分を向上させるためにお与えくださった試練と受け止めて努力されている、すばらしい体験説法を聞かせてもらえることがあります。人を本当に生かしたい、環境をよりよく生かしたいという願いを持つと、そういう受け止め方ができるようになるのです。

素直に、真剣に

布教で秋田を訪れたときに、たまたま食事に立ち寄ったお店が横綱大鵬《たいほう》関の奥さんの実家でした。それで一緒に行った支部長さん方と大鵬関についての話がはずんだのですが、大鵬関の相撲で私が日ごろから感心しているのは、いつも親方の言うとおり、それを素直に聞いて、そのとおりの相撲を取っているところなのです。

勝負が終わったあとでレポーターが大鵬関に感想を聞くと、決まって「親方の言うとおりに取りました」と答えるのです。

教えられたとおりに相撲が取れるというのは、素直に聞く心とともに、ふだん、よほどの稽古《けいこ》をして技を身につけていなくてはできるものではありません。

私も、これまでいろいろなお師匠さんについて修行をしてきましたが、どのお師匠についても、言われるとおり、素直に、真剣に行じたものです。そうすると、すぐに師匠の代理をつとめられるようになるのです。

そうした修行をとおして私は、なにごとにおいても「素直に、真剣に」が最も大事なのだと身をもって知り、自信をもって、みなさんにもそうおすすめしているのです。

正直が人間の道

どんなときも正直で、うそがないのが信仰者にとっていちばん大事なことではないでしょうか。いつも自分のありのままをさらけ出していれば、こんな楽なことはありません。

よく信仰をすると窮屈だという人がいますが、それは自分をことさら立派に見せなくてはと無理をしているからです。いくら言葉を飾って立派に見せようとしても、メッキはすぐにはがれてしまいます。いつも自分のありのままを出していれば、なんの窮屈も感じません。それで、自分に欠けているところがあれば、人さまがそれを教えてくださって、自分がだんだん本物になっていくわけです。

とは言っても、なんのうそもなく自分の裸《はだか》をさらけ出すのは、そうたやすいことではありません。つい、自分のいいところだけを見せたいと、とりつくろうのが世間一般でしょう。そのお体裁をぬぐいさって、いつも正直に生きるためには、絶対に信じられる対象を持ち、信じきれる仲間を持つことが欠かせません。

正直とは、人間の道にピタリとはまっていることであり、神仏に直結していることなのです。

結びの差

ある幹部さんから指導を受けたけれども結果が出ず、別の幹部さんに結んでもらったら悩みが解決した、といったことがあるかもしれません。その違いは、どこにあるのでしょうか。

幹部さんの指導は、仏教の法門によっているのですから結びの内容に百八十度の違いがあるわけがありません。問題は、幹部さんに対する信頼感の違いにあるのです。

この幹部さんの言われることならと、心から信頼して、「どうか、私の違っているところを教えていただきたい」と、信者さんが心の底から求める気持ちになると、同じ言葉でも、心へのしみ込み方がまるで違ってくるのです。

どうすれば、そうした信頼感を身につけた幹部さんになれるかですが、それはやはり、「この人に、なんとしても幸せになってもらいたい」という真剣さにあるといえましょう。言葉や態度にそれがはっきり現われて信者さんに伝わるのです。

大切なのは、心と心がどれだけ通い合うかです。それが信頼度の違いになり、結びの結果の違いになるのです。

法を盾《たて》にする人

キリスト教では「神の下僕《しもべ》」という言葉を使い、仏教では「仏の子」とか「仏弟子」といいますが、信仰者にとっていちばん大切なのは、絶対なる真理と、その具現者《ぐげんしゃ》である神仏に帰《き》依《え》する心でしょう。

奉仕とは、読んで字のごとく「仕《つか》え奉《たてまつ》る」ことです。仏さまのみ心をわが心とし、仏さまの教えを日々の生活に実行いたします、という誓いが、仏さまに仕え奉る出発点です。

ところが、神仏に仕え奉る下僕、仏さまのお弟子であることを忘れて、法の威《い》を借りて自らを高しとし、自分をまわりの人に押しつけるような態度をとる人が、ときどきいるのです。それでは、自分の欲望やわがままを通す道具として法を利用していることになってしまいます。うっかりすると、すぐその過ちに陥ってしまうのです。

信仰者とは、あくまでも神仏に仕える者として、自らを律する心を忘れない人のことです。それを忘れると、法を立てているつもりが、法を盾にとって自分を立てることになってしまいかねません。くれぐれも戒《いまし》めなくてはなりません。

偉大なる放棄

「出家」という言葉を、外国の学者は「偉大なる放棄」という言葉に訳しています。まことに正鵠《せいこく》を射《い》た訳語であると思います。

私が信仰を始めた当初、家族や親戚は「困ったことになったものだ」と言い、友人も「庭野は頭がおかしくなったのではないか」と言って、みんな私から離れていってしまったものです。

私が純粋に信仰に打ち込めば打ち込むほど、周囲の反対は強くなる一方でした。自分の真剣さがまったく人に理解されないのですから、本当に寂しい思いがしたものです。

しかし、仏道を志すからには、最初からすべての人に理解され、受け入れられるものではないことを覚悟していなくてはならないと思うのです。いちど、すべてを放棄して打ち込むことなしには、本物の修行はできません。これもまた「偉大なる放棄」といっていいのではないでしょうか。

その放棄があってこそ、黙々と人さまへの奉仕に徹し、人びとの真の救われを願う地涌《じゆ》の菩薩《ぼさつ》をめざす修行を続けることができるのです

普遍にして不変なるもの

「私は悪いことなどしていないから、信仰などする必要はない」と言う人がいます。この場合、悪いことをしていないというのは、自分は法律を犯すようなことはしていない、という意味でしょう。

法律や道徳を守ることは、この社会で生活する人間として当然のことですが、法律や道徳だけをもって善悪の基準とするわけにはいかないと思うのです。なぜならば、法律はそれぞれの国によって異なりますし、道徳もまた、その時代、時代によって変わっていきます。このように、時により所によって変わるものは、絶対の価値基準となりえないのです。

時と所を超えて、人類全体の価値基準となりうるもの、普遍にして不変なる絶対の真理（法）を鏡として、それに己を照らしていくのが信仰です。

信仰は、ただ法律に触れる行為、道徳に反する行為の贖罪《しょくざい》のためにするものではなく、より積極的に、世のため人のために役立つよき実践へと人びとを導くものです。それによってこそ自分が高まっていけるわけです。一人ひとりの向上なくして真の幸福、人類全体の平和は招来されないのです。

つま先立ちは続かない

なにごとによらず自信を持つことは大事なのですが、それが、うっかりすると慢心《まんしん》、憍慢《きょうまん》になりかねません。

自信とはその字が示すように、自らを信じることとです。しかし、ただ自分の力や才能を信じて人に誇示したり、自分の誇りを傷つけられたくないばかりに、いつも肩をいからせている姿は、人から見るといかにも滑稽《こっけい》に映ります。

それどころか、いつも他人を意識して「ばかにされまい」としている姿は、お気の毒というしかありません。人は、いつまでもつま先立ちを続けているわけにはいきませんから、どこかで破綻《はたん》をきたしてしまいます。

本当の自信とは、どんなに小さな自分であろうとも、いつも仏さまの教えのとおりに行じようと懸命につとめ、仏さまのお慈悲のみ手に包まれ、見守っていただいている自分を信じることです。自分の身の丈のままでいいのです。

常にご法という鏡に自分を映して自分を省みることを忘れなければ、人は卑屈になることもなく、また肩ひじ張った無理な自信過剰に陥ることもありません。

法の光を発して

仏法のありがたさを知りながら、それを自分の胸の中だけにしまっておくのでは、懐中電灯を自分の懐《ふところ》の中だけで光らせているようなものです。懐中電灯は、自分の足元を照らすだけでなく、暗闇《くらやみ》で道を失っている人の足元を照らし、道を踏み外さないようにしてあげてこそ真価が発揮されます。それが菩薩《ぼさつ》の生き方にほかなりません。

私たちが毎日、朝夕《ちょうせき》に読誦《どくじゅ》している『経典』の開経偈《かいきょうげ》には、「無上甚深微妙《むじょうじんじんみみょう》の法は、百千万劫《ひゃくせんまんごう》にも遭遇《あい》たてまつること難し。

我今見聞《われいまけんもん》し受持《じゅじ》することを得たり」とあります。そして『経典』の終わりの普回向《ふえこう》で、「願《ねが》わくは此《こ》の功徳《くどく》を以《もっ》て　普《あまね》く一切《いっさい》に及《およ》ぼし　我等《われら》と衆生《しゅじょう》と皆共《みなとも》に仏道《ぶつどう》を成《じょう》ぜん」と唱えます。

百千万劫という年月をかけても遇《あ》うことが難しい至高の仏法に遇い得た私たちは、それを「あまねく一切の人びとに及ぼす」ために〝選ばれた人〟なのです。その役割を仏さまに託されているのです。人びとの足元を照らしてあげるのには、まずわが身を法の光で輝かさなくてはなりません。それが自行です。自ら光を発する者となってこそ、多くの人びとに法の光に浴してもらうことができます。それが化他行《けたぎょう》です。

法を持《たも》つ功徳

法華経を拝読すると、随所《ずいしょ》に大功徳が頂戴《ちょうだい》できることが書かれています。それで、毎日お経をあげてさえいれば功徳がいただけるように思い込んでいる人がいるかもしれません。

確かに、これまでまるでお経もあげたことがなかったという人が、一念発起《いちねんほっき》して毎日お経をあげるようになったら、それなりの功徳は頂戴できるのですが、そこからもう一歩踏みだして経典に説かれているとおり実行すると、さらに大きな功徳がいただけるのです。ただしその功徳は、「是《こ》の経を受持《じゅじ》し読誦《どくじゅ》し思惟《しゆい》し、他人《たにん》の為に説けり。所得の福徳無量無辺なり」とあるように、この法を受持し、読誦する者、行ずる者、というように必ず条件がついています。

「方便品《ほうべんぽん》」には「若《も》し法を聞くことあらん者は　一《ひと》りとして成仏せずということなけん」とありますが、法を聞く者とは、ただ教えを耳で聞く人というのではありません。仏さまが説かれる教えにピタリと心を寄せて、「なるほど、そのとおりだ」と納得し、そのとおり毎日の生活で実行して身にしっかりと体していく人のことなのです。真の功徳は法門を行じるなかにあるのです。

人を吸い寄せる法座

会創立当初は、牛乳店を営んでいた私の家の二階の四畳半と六畳の部屋に信者さんが集まって法座を開いていたのですが、それが現在の会に発展したのは、そこで生きたご法が説かれていたからです。

魅力ある法座とは、活気のある法座といってもいいでしょう。法座にすわる人が求めているものにズバリと答える法座です。建て前だけの話では、靴の裏から足の裏をかくようなものです。「けっこうな話だけれど……」で終わってしまいます。ですから法座主になる幹部さんは、常に新しい時代感覚で社会の動きを勉強していなければなりません。

自分が法をしっかり把握していれば、社会や世界に起こる問題も、すべてご法の真理を実証するための話題として生かせます。それを、その人その人が抱える悩みに当てはめていくのです。すると「衆生《しゅじょう》を悦《よろこ》ばしめんが為の故《ゆえ》に　無量の神力《じんりき》を現《げん》じたもう」と経文にあるように、法座の結びが現証《げんしょう》になって現われ、ますます活気づいていくのです。

信者さんが「あの法座主さんの話を聞かせてもらわなければ」と吸い寄せられてくる法座にしていただきたいものです。

心の切り換え

先日、九州に布教に出かけたときに一泊させてもらった旅館で、食事のお給仕をしてくださる仲居さんの名前を聞かせてもらっていろいろと話をしてみると、私の言うことがあまりにも的中するので「本当によく当たりますね。怖いくらいです」とその人が言うのです。

私としては、ごくふつうのことを話しただけで、なにもいちいち言い当てて相手を驚かそう、といった考えはまったくないのですが、ご法に当てはめて話していくと、おのずとそうなっていくのです。

私は姓名学を学び、たくさんの人の名前の鑑定を通して、そこに一定の法則があることを知るようになりました。その法則にもとづいて、この性格で、この考え方、この生き方ならば、こんな人生を送ってこられたのではないか、と尋ねてみると、そのとおりなのです。

そこでいちばん大事なのが、そういう性格の人、そういう考え方の人が、自分をどう切り換えていけば本当に幸せな人生を送れるようになるのか、それを具体的に話してあげるそのアドバイスなのです。

魔を退ける力

「魔がさす」という言葉があります。人はついフラフラとして欲に目がくらんだり、誘惑に負けたりすることがよくあるのです。それで、ずるずると堕落していってしまうことも少なくありません。

まるで魔神が人間の貪欲《とんよく》につけこもうと、いつも狙《ねら》っているようにも思えるのですが、その魔神も歯が立たない相手がいるといいます。それはどういう相手かというと、欲のない人間、貪欲を捨て切ってしまった人間だそうです。魔神といえども、そういう人は誘惑するきっかけがつかめない。

魔には、誘惑の魔と脅迫の魔があるといわれます。お釈迦さまが悟りを開こうと禅定《ぜんじょう》に入っておられたとき、魔が美しい女人に身を変じて媚《こび》を売り、修行の妨《さま》げをしたと伝えられていま す。それでもお釈迦さまが動じられないと、こんどは恐ろしい顔をした男の形で刀や槍《やり》をもって脅かすのですが、お釈迦さまは少しも動じるところがなかったと伝えられています。

人にほめられても有頂天《うちょうてん》にならず、けなされてもしょげることがない。まわりの変化に影響されない心を持てたら鬼に金棒です。

自分で自分を縛る苦

仏さまの教えのなかでもとりわけ大切なのは「四諦《したい》の法門」ですが、その最初に出てくるものが「苦諦《くたい》」です。

毎日を、ただうかうかと過ごしている人をよく見ると、苦しみの種がいっぱいあるのに、それに気づかずにいるのです。ただ自分の幸福だけ、いうなればマイホーム主義に閉じ込もって、まわりの人のことなどまるで無関心だったり、社会のこと、世界のことなど考えてもみようともせず、人がどんなに不幸でもわれ関せずの人がいます。

そういう人は、一見するとなんの苦もないように見えるのですが、それは、あまりにも視野の狭《せま》い見方です。この世界の一切のものは自分と相互依存の関係にあります。それを無視すると、まわりが自分の思うとおりにならなくなり、ついには身動きできなくなってしまうのです。それが苦にほかなりません。

私たちはこの社会で他とかかわりなく生きることは不可能なのです。そこをしっかりと見定めるのが苦諦です。それが見えてくると、苦への対処の仕方が見えてきます。

苦に向き合うことから逃げ回っていると、苦はどんどん増長していくばかりなのです。

迎える四緑《しろく》の年

今年は五黄中宮《ごおうちゅうきゅう》の年でした。この星の象意《しょうい》は物を腐らせるという意味合いを持っていて、争いなどが起きやすい年であると、年頭にお話ししたのを覚えています。

ソ連のチェコ侵入をはじめ、世界的な広がりで若者たちの反体制運動が噴《ふ》きだし、国内でも、学内紛争が広がって目に余るものがありました。

迎える昭和四十四年は四緑中宮の年です。四緑の象意は、四季でいうと晩春から初夏のころにあたり、さわやかで穏やかな風の中で万事が整い、完成するといった意味合いです。ですから日々の生活でも、柔軟《にゅうなん》な心でなにごとも受け入れて精いっぱい努力していくと、周囲の信用を得て、それを力にしていくことができます。

ですから来年は、なによりも柔軟な心でものごとにあたることを心がけるのが大切です。それによって必ず結果が得られるのです。

新しい年を迎え、希望を持って、いっそうの精進を決定《けつじょう》しようではありませんか。

ご縁をかみしめる

私は、恩師の新井助信《あらいすけのぶ》先生との出会いによって法華経に導かれて目を見開かされ、そして妙佼《みょうこう》先生という、またとない修行の友に磨かれて、今日の幸せに導いていただきました。それにさらに佼成会というサンガのみなさんに助けていただいて今日を迎えさせていただいているわけです。

その私と同じように、みなさんもまた、さまざまなご縁によって今日があるわけで、その縁のありがたさをもういちど振り返り、かみしめていただきたいと思うのです。

自分をこの世に生みだしてくださった両親、この法に遇《あ》いえたその縁をつくってくださった導きの親御《おやご》さん、そして、どんな人も幸せに導く法をお説きくださった教主釈尊の大恩……考えていくと、自分がどれほどの大恩によって生かされ、支えられ、導かれているか思い知らずにいられません。

ふだん、つい忘れがちな過去をあらためて検証し直して、自分が受けた恩をかみしめる瞑想《めいそう》修行がありますが、一年の終わりを迎えて、一日、じっくりと自分を振り返ってみたいものです。そこから真の自他一体感がわき起こって、さらに新たな精進の決意が湧《わ》いてくるのです。

行法と戒律によって

仏教では行法と戒律が厳しく定められています。それがしっかりと守られてきたからこそ、仏教の教えが二千五百余年の長きにわたって脈々として生き続け、私たちに伝えられたわけです。

たくさんの人びとが一つの社会で共同生活を営んでいくためには、当然のことながら秩序というものが必要になります。みんなが守らなければならない法律も必要になってきます。ところが現代の社会は、その法律さえも守られない無法、無秩序の社会になりかけていないでしょうか。まず、そこを正していかなくてはなりません。

しかも、ただ法律を守るというだけの社会であっては、まだ本当に人間らしい社会とはいえないのです。それにさらに、互いに譲り合い、手を差し伸べ合って助け合う温かい人間関係をつくり上げなくてはなりません。

縁あって同じこの世に生まれ合わせた仏の子同士という一体感によって心を通い合わせることができて初めて、真に人間らしい社会、明るい、うるおいのある社会が生まれるのだといえましょう。

身を清めて新年を

「一年の計は元旦にあり」といいますが、私は「新年を迎えて一年の計を思いめぐらすのでは遅すぎる。一年の計は、もう前年の十二月一日に立てる心構えでなくてはならない」と、いつも申してまいりました。

今年も、すでに十二月も押し詰まり、一年が終わろうとしています。みなさんは、この一年を振り返っての反省に立って、来年はどう精進しようといった計画を立てておられることと思います。

これも、いつも申し上げることですが、かつての日本では、十二月に諸仏の名を唱えて年内の罪障《ざいしょう》を懺悔《さんげ》し消滅を願う仏名《ぶつみょう》会《え》という行事が必ず開かれていたそうです。過ぎ去ろうとする一年を顧みて、自分はどのようなあゆみをしてきたかと厳しく自己反省をし、懺悔告白して新たに精進をお誓いしたわけです。

どんなに時代が変わろうと、新しい年を迎えるのには、来《こ》し方を振り返り、身も心も正して新たな出発をすることが大切で、だから正月というのです。いつの時代にあっても忘れてはならない大切なことでありましょう。

本書は、「佼成新聞」（一九六四年八月～一九六八年十二月）掲載の『会長随感』に加筆いただいて収録したものです。

庭野　日敬（にわの　にっきょう）
1906年、新潟県に生まれる。立正佼成会開祖。
長年にわたり宗教協力を提唱し、新日本宗教団体連合会理事長、世界宗教者平和会議国際委員会会長などをつとめる。著書に『新釈法華三部経』（全10巻）『法華経の新しい解釈』『瀉瓶無遺』『人生、心がけ』『この道』など多数。1999年、入寂。

【新装版】開祖随感　1

平成12年3月5日　初　版第1刷発行
平成30年7月31日　新装版第1刷発行
著　者　庭野日敬
発行者　水野博文
発行所　株式会社佼成出版社
〒166-8535
東京都杉並区和田2-7-1
電話　03-5385-2317（編集）
03-5385-2323（販売）
URL　https://www.kosei-shuppan.co.jp/
印刷所　錦明印刷株式会社
製本所　株式会社若林製本工場

Kosei

ISBN978-4-333-00680-9 C0015